ÉTUDE

SUR LES

TABELLIONS & LA FORCE PROBANTE DE LEURS ACTES

EN DROIT ROMAIN

DE LA

RESPONSABILITÉ CIVILE DES NOTAIRES

EN DROIT FRANÇAIS

PAR

J.-B.-P. Gabriel ROGIER

Avocat à la Cour d'Appel de Limoges.

PARIS

A. COTILLON & Cⁱᵉ, IMPRIMEURS-ÉDITEURS,

Libraires du Conseil d'État et de la Société de Législation comparée,

24, RUE SOUFFLOT, 24.

1883

THÈSE
POUR LE DOCTORAT

ÉTUDE

SUR LES

TABELLIONS & LA FORCE PROBANTE DE LEURS ACTES

EN DROIT ROMAIN.

DE LA

RESPONSABILITÉ CIVILE DES NOTAIRES

EN DROIT FRANÇAIS.

THÈSE POUR LE DOCTORAT

SOUTENUE

DEVANT LA FACULTÉ DE DROIT DE TOULOUSE

PAR

J.-B.-P. Gabriel ROGIER

Avocat à la Cour d'Appel de Limoges.

PARIS

A. COTILLON & Cie, IMPRIMEURS-ÉDITEURS,

Libraires du Conseil d'État et de la Société de Législation comparée,

24, RUE SOUFFLOT, 24.

1883

FACULTÉ DE DROIT DE TOULOUSE.

MM. Bonfils ✸, Doyen, Professeur de Droit Commercial.

Molinier O. ✸, Professeur de Droit Criminel.

Bressolles (G.) ✸, Professeur de Code Civil.

Ginoulhiac, Professeur de Droit Français, étudié dans ses origines féodales et coutumières.

Huc, Professeur de Code Civil.

Poubelle ✸, Professeur de Code Civil, en congé.

Arnault ✸, Professeur d'Économie politique.

Deloume, Professeur de Droit Romain.

Paget, Agrégé, chargé d'un cours de Droit Romain.

Campistron, Agrégé, chargé du Cours de Procédure Civile.

Bressolles (J.), Agrégé, chargé du cours de Droit international privé.

Vidal, Agrégé, chargé du cours de Droit Criminel.

Wallon, Agrégé, chargé du cours de Droit administratif.

Hauriou, Agrégé, chargé du cours d'Histoire générale du Droit.

Saint-Marc, Agrégé, chargé d'un cours de Code civil.

M. Moussu, Secrétaire.

M. Dufour ✸, Doyen honoraire.

M. Massol ✸, Professeur honoraire.

M. Humbert O. ✸, Sénateur, Professeur honoraire.

Président de la Thèse: M. Deloume.

Suffragants : MM. Ginoulhiac.
Huc.
Campistron.
Saint-Marc.

La Faculté n'entend ni approuver ni désapprouver les opinions particulières du candidat.

ERRATA :

Page   6, ligne 6, *après* songea, *ajoutez* alors.

—   13, ligne 6, *après* scribes, remplacez la virgule par un point
        et virgule.

—   13, ligne 8, *après* redites, remplacez la virgule par un point
        et virgule.

—   18, ligne 5, *au lieu de :* un, *lisez :* une.

—   18, note 3, ligne 5, *après* 2, remplacez le point et virgule
        par une virgule.

—   20, note 1, ligne 2, *après* XXXII, mettez une parenthèse, et
        après 30, supprimez la parenthèse.

—   49, ligne 9, *au lieu de :* furiosos, *lisez :* furiosus.

—   52, ligne 7, *au lieu de :* est, *lisez :* ut.

—   58, note 1, ligne 4, *au lieu de :* qui, *lisez :* quiconque.

—   60, ligne 17, *au lieu de :* public, *lisez :* publics; *après* pu-
        blics, remplacez le point et virgule par une virgule,
        et *après acta*, la virgule par un point et virgule.

—   66, ligne 25, *au lieu de : différence, lisez : différences.*

—   70, ligne 9, *au lieu de :* quelle, *lisez :* quelles.

—   70, ligne 10, *au lieu de :* circonstance, *lisez :* circonstances.

—   71, ligne 2, *après* préjudice, remplacez la virgule par un
        point et virgule.

—   87, ligne 23, *au lieu de :* les actes, *lisez :* l'acte.

—   87, ligne 24, *au lieu de :* écrits, *lisez :* écrit.

—   92, ligne 18, *après* que, *ajoutez* tous.

—   94, ligne 21, *au lieu de :* Charle, *lisez :* Charles,

—   98, ligne 1, *au lieu de :* 1578, *lisez :* 1577.

—   99, ligne 15, *au lieu de :* 1507, *lisez :* 1597.

—   102, note 1, ligne 5, *après* Jean des Mares, *ajoutez* n° 104.

—   114, ligne 17, *au lieu de :* anthenticité, *lisez :* authenticité.

—   129, ligne 23, *après* judicem, remplacez le point et virgule
        par une virgule.

Page 134, ligne 25, *au lieu de* : 34, *lisez* : 35.
  —   135, ligne 5, *au lieu de* : 14, *lisez* : 13.
  —   142, ligne 12, *au lieu de* : de, *lisez* : du.
  —   143, ligne 10, *au lieu de* : V, *lisez* : IV.
  —   144, ligne 3, *au lieu de* : et ne donnât, *lisez* : et on ne donna.
  —   146, ligne 7, *au lieu de* : même, *lisez* : mêmes.
  —   150, ligne 20, *au lieu de* : 2, *lisez* : 5.
  —   154, ligne 14, *au lieu de* : 5, *lisez* : 15.
  —   157, ligne 21, *au lieu de* : 41, *lisez* : 42.
  —   158, ligne 16, *au lieu de* : 41, *lisez* : 42.
  —   177, ligne 26, *au lieu de* : les, *lisez* : le.
  —   180, ligne 18, *au lieu de* : 1er, *lisez* : 12.
  —   189, ligne 3, *au lieu de* : 1862, *lisez* : 1882.
  —   192, ligne 20, *au lieu de* : 71, *lisez* : 72.
  —   194, note 1, ligne 5, *au lieu de* : 1880, *lisez* : 1882.
  —   222, ligne 11, *au lieu de* : législation, *lisez* : légalisation.
  —   228, ligne 20, *au lieu de* : 1868, *lisez* : 1862.

ÉTUDE

TABELLIONS & LA FORCE PROBANTE DE LEURS ACTES

EN DROIT ROMAIN

INTRODUCTION.

Incapable de subvenir seul à tous ses besoins, l'homme se trouve contraint par la nature même des choses de recourir sans cesse à ses semblables, de s'obliger envers eux. Aussi dès la plus haute antiquité voyons-nous intervenir dans ce but toute une série d'actes juridiques et en même temps des moyens plus ou moins parfaits de conserver le souvenir de ces actes; il ne suffit pas en effet d'acquérir des droits, il faut encore qu'en cas de contestation on puisse en prouver la légitimité (1). Dans les pre-

---

(1) « In ipsis probationibus tota judicii vis sita est. Is « enim qui probare non potest nihil habet et ubi probatio « deficit, perinde est ac si illud quod non probatur non esset, « et probari non posse vel non esse idem sunt, et qui non « probat dicitur jure carere. » (Mascardus, *de Probationibus*, I, 12).

1

miers temps, c'est principalement le témoignage des personnes présentes à l'acte que l'on invoque ; mais bientôt les besoins augmentant avec les progrès de la civilisation, les transactions deviennent plus nombreuses et nécessitent des preuves plus durables et moins sujettes à l'erreur : on songea à l'écriture (1).

D'après Josèphe (*Antiquités judaïques*, I, 4), l'écriture aurait une origine excessivement reculée et serait presque aussi ancienne que l'humanité elle-même ; mais l'opinion la plus généralement admise en attribue seulement l'invention aux Phéniciens (2). Quoi qu'il en soit d'ailleurs de ces assertions la preuve littérale, cela est bien certain, est la dernière dans l'ordre chronologique ; ce mode de preuve suppose en effet un état de civilisation assez avancée que l'on ne trouve pas d'ordinaire à l'origine des sociétés. Ce sont d'abord les prêtres qui se réservent exclusivement le droit de constater par écrit les conventions ; puis apparaissent les scribes « dont la profession, comme toutes les autres, naquit des besoins de la société et de l'esprit du gain pour ceux qui s'y livrèrent (3). »

---

(1) « Fiunt enim scripturæ, ut quod actum est, per eas « facilius probari poterit. » (Frag. 4, *De pignoribus et hypothecis*, Dig. XX, 1).

(2) En ce sens : Diodore de Sicile, *Bibliothèque historique*, V, 74 ; — Lucain, *la Pharsale*, III, 220 à 224 ; — Pline, *Histoire naturelle*, V, 12, 13 ; — Pomponius Méla, *Description de la terre*, I, 12.

(3) Merlin, *Répertoire de jurisprudence*, v° Notaire, § 1.

Nous trouvons des scribes dans toutes les sociétés anciennes : en Égypte notamment ils étaient très répandus. M. Barthélemy Saint-Hilaire, dans son introduction sur les *Origines de la philosophie grecque* nous donne d'intéressants détails sur les scribes égyptiens : aujourd'hui encore on peut voir au musée de Boulaq des palettes de scribes avec tous leurs accessoires, tels que des godets où l'on distingue fort nettement l'encre rouge ou noire qui s'y est desséchée, des roseaux, des polissoirs pour unir le papyrus avant d'y tracer les caractères, les étuis pour contenir les roseaux, etc. — Dans certaines circonstances les lois ordonnaient de faire constater les conventions par écrit : ainsi une loi de Bocchoris voulait que le prêteur exigeât une reconnaissance écrite de la somme prêtée. Aussi des peines sévères étaient-elles prononcées contre les scribes convaincus d'avoir supposé, tronqué ou falsifié des contrats : on leur coupait les deux mains (Diodore de Sicile, I, 78, 79).

. Chez les Hébreux, il y avait également des scribes et il en est fait souvent mention dans les textes sacrés; pour l'acte de divorce en particulier on devait nécessairement recourir à leur ministère. Saint Augustin (*Contra Faustum*, XIX, 26) nous les représente comme des hommes prudents et justes, « pru- « dentes legis interpretes et justos dissidii dissua- « sores. »

En Grèce, nous trouvons également des scribes

chargés de rédiger les contrats des citoyens et Aristote nous dit (*Politique*, VI, 8) que dans aucune contrée civilisée ces officiers publics ne furent inconnus et que nulle cité bien organisée ne pourrait s'en passer, leur institution étant de première nécessité.

Enfin, à Rome, les citoyens avaient à leur disposition de nombreux scribes sur l'organisation desquels nous allons bientôt revenir.

L'écriture est certainement bien supérieure comme mode de preuve au témoignage. « Les preuves par écrit, disait Domat, ayant leur fermeté par un témoignage que ceux qui font les actes rendent contre eux-mêmes, et un témoignage qui est immuable, il ne peut y avoir de meilleure preuve de ce qu'il s'est passé entre eux que ce qu'ils ont eux-mêmes exprimé. » De plus, comme le fait observer Montesquieu (*Esprit des lois*, XXVIII, 44), « l'écriture est un témoin qui est difficilement corrompu. » « La parole ne communique ses biens qu'au présent, disait encore le chancelier d'Aguessau, l'écriture y fait participer les absents mêmes; elle y joint l'avantage de donner une espèce de durée et d'utilité éternelle aux pensées, aux sentiments, aux actions des hommes. » Enfin « l'écriture révèle plus sûrement que la parole nos intentions réelles, la vraie nature de nos actes et la portée de nos dispositions. » Th. Derôme, *Considérations sur les développements historiques de la preuve littérale* (Extrait de la *Revue de législation et de jurisprudence*, 1850). — Néanmoins, il s'en faut de beaucoup que la preuve littérale l'ait de tout temps emporté sur la preuve testimoniale : dans le droit romain classique, par exemple, la preuve littérale valait autant que la preuve testimoniale, ni plus ni moins (C. 15, *De fide instrumentorum*, Cod. IV, 21); dans notre ancien droit français la maxime « témoins passent lettres » fut longtemps en vigueur, les législations modernes, au contraire, attachent de plus en plus d'importance à la preuve littérale.

Ces quelques considérations générales posées, nous pouvons maintenant aborder l'étude que nous nous sommes proposé d'entreprendre.

PREMIÈRE PARTIE.

DES SCRIBES EN GÉNÉRAL.

Les Egyptiens, les Hébreux et les Grecs étaient déjà arrivés à une civilisation bien avancée lorsqu'en 754 avant Jésus-Christ, une troupe d'aventuriers jeta dans le Latium, non loin de l'embouchure du Tibre, les fondements de la ville qui devait être Rome. Pendant de longues années leurs descendants, absorbés par les guerres continuelles qu'ils eurent à soutenir contre leurs voisins et ne songeant d'ailleurs qu'à devenir les maîtres de l'Italie, n'eurent ni le goût, ni le loisir de cultiver les arts libéraux. Aussi ne devons-nous pas nous étonner quand nous voyons Tite-Live (*Histoire romaine*, VII, 3), dire qu'en l'année 360 avant Jésus-Christ, c'est-à-dire près de quatre siècles depuis la fondation de Rome « raræ per ea tempora litteræ erant » ; dans la loi des Douze Tables, nous ne trouvons non plus aucune allusion aux écrits. Peu à peu, cependant, cet état de choses se modifie et tout en conservant le caractère belliqueux de leurs ancêtres, les Romains commencent à prendre l'habitude de tenir des registres domestiques (*domesticæ rationes*), sur lesquels ils relataient chaque jour avec un soin scrupuleux (*diligentissime*) (1) leurs opérations juridiques ainsi que

---

(1) Voy. à ce sujet : Cicéron *Pro Q. Roscio*, III, 1 ; — *Pro Cluentio*, 30 ; — *In Verrem*, 2ª actio I, 23.

leurs recettes et leurs dépenses (*codex accepti et depensi*). Tant que l'habitude de ces registres se conserva, on comprend sans peine que les Romains n'eurent pas besoin de recourir aux services de scribes pour la rédaction de leurs conventions. Mais vers la fin de la République, les proscriptions et la terreur qu'elles engendrèrent firent redouter aux citoyens ce témoignage de leur fortune et les *domesticæ rationes* tombèrent peu à peu en désuétude (1). C'est alors qu'apparaissent les *argentarii*, qui jouèrent un si grand rôle dans la société romaine, et plusieurs espèces de scribes, *scribæ*, (Frag. 18, § 17, *De muneribus et honoribus*, Dig. L. 4; C. 4, *De appellationibus*, Cod. VII, 62, etc.), qui sous les noms divers de *notarii, actuarii* (2), *librarii* (3), *ama-*

---

(1) Un commentateur de Cicéron au quatrième siècle. Ascònius Pedianus s'exprime ainsi à ce sujet : « Moris « autem fuit, unumquemque domesticam rationem sibi « totius vitæ suæ per dies singulos scribere, ex quâ appa- « reret, quid quisque de reditibus suis, quid de arte, « fænore, lucrove seposuisset quoquo die, et quid idem « sumptus damnive fecisset. Sed postquam, obsignandis « litteris reorum, ex suis quisque tabulis damnari cœpit, « ad nostram memoriam tota hæc vetus consuetudo ces- « savit. »

(2) Voir sur les *actuarii* ou *actarii* : Petrone, *Satyricon*, 53; — Sénèque le Philosophe, *Lettres à Lucilius*, 33;—Suétone, *Vie de César*, 55.—Voir aussi Ch. Daremberg et Edm. Saglio, *Dictionnaire des antiquités grecques et romaines*, v° *Actuarii*.

(3) Sur les *librarii* : Cicéron, *De oratore*, III, 44; *Lettres à Atticus*, XIII, 22, 23;—Tite-Live, XXXVIII, 55;—Frag.

nuenses, exceptores (1), *logographi*, etc., occupèrent aussi certaine place dans le monde romain.

Les scribes formaient à Rome une corporation jouissant d'importants priviléges; cette corporation est ordinairement désignée dans les auteurs sous le nom de collége ou décurie des scribes (Tacite, *Annales*, XIII, 27; Frag. 22, *De fidejussoribus et mandatoribus*, Dig. XLVI, 1). Une constitution des empereurs Honorius, Arcadius et Théodose, insérée au Code de Justinien (C. 2, *De decurialibus urbis Romæ*, Cod. XI, 13), confirme expressément les priviléges accordés par leurs prédécesseurs aux *decuriati* ou *decuriales*, (tels furent en effet les noms que prirent successivement les membres de la corporation des scribes). Néanmoins les citoyens romains considérèrent pendant longtemps comme indigne d'eux de remplir ces fonctions. Aussi furent-elles, dans le principe, abandonnées aux affranchis (2) et même aux esclaves; ce fut seulement beaucoup plus tard, en l'année 401 après Jésus-Christ, qu'une constitution des empereurs Honorius et Arcadius (C. 3, *De*

1, § 6, *De extraordinariis cognitionibus* (Dig. L. 13); — Frag. 92, *De regulis juris* (Dig. L. 17).

(1) Voir sur les *exceptores* : C. 17, au Code Théodosien, *De diversis officiis* (VIII, 7);—Frag. 19 § 9, *Locati conducti* (Dig. XIX, 2).

(2) Horace, fils d'affranchi, fit partie quelque temps de la corporation des scribes, témoins ces deux vers :

> De re communi scribæ magna atque nova te
> Orabant hodie meminisses, Quincte, reverti. (*Satires*, II, 6).

tabulariis, scribis, logographis, Cod. X, 69) interdit aux esclaves les fonctions de scribe. Quant aux tabellions, ainsi que nous le démontrerons par la suite, ils furent toujours des hommes libres.

Nous n'avons pas l'intention d'étudier l'une après l'autre les diverses espèces de scribes, ce serait un travail peu intéressant et qui nous forcerait à de nombreuses redites, nous nous bornerons à quelques détails sur les deux variétés les plus importantes de scribes à Rome, les *notarii* et les *tabularii*; puis dans une seconde partie nous étudierons tout spécialement les *tabelliones*.

CHAPITRE PREMIER.

DES NOTARII.

Les textes classiques du droit romain mentionnent quelquefois les *notarii*, mais nulle part ils ne nous donnent de renseignements sur la manière dont ils procédaient; les historiens (1) et les poètes (2) de Rome viennent heureusement combler cette lacune, et grâce aux savants travaux de Cujas, de Ducange, de Mabillon, etc., nous possédons aujourd'hui des données assez certaines sur les *notarii* (3).

L'usage d'écrire au moyen de signes abréviatifs remonte à une haute antiquité ; on ne dut pas tarder en effet à s'apercevoir que l'écriture, si rapide qu'elle fût, était en nombre de cas insuffisante, par

---

(1) Voy. notamment Pline le Jeune, IX, 36 ; — Quintilien, *Institution oratoire*, I, Introduction ; — Suétone, *Vie de Titus*, 3 ; — Saint-Augustin, *De doctrina Christi*, II, 26 ; — Sidoine Apollinaire, IX, 8.

(2) Entre autres : Martial, *Epigrammes*, XIV, 208 ; — Manilius, *Astronomie*, IV, 197 et suiv. ; — Ausone, *Epigrammes*, 146.

(3) On peut consulter en outre : Valerius Probus, *De notis Romanorum interpretandis* ; — Magnon, *Notæ juris* ; — Pierre Diacre, *De notis litterarum* ; — Nicolaï, *De siglis veterum*, etc. Voy. également un opuscule de Morcelli, intitulé : *Delle note degli antichi Romani* et une note fort intéressante de M. l'abbé Greppo (*Notes historiques, biographiques, archéologiques et littéraires, concernant les premiers siècles chrétiens*).

exemple lorsqu'il s'agissait de recueillir une conversation, un discours. Aussi de très bonne heure songea-t-on à ce qu'on a appelé de nos jours la tachygraphie, c'est-à-dire l'art d'écrire assez vite pour suivre la parole. Selon Diogène Laerce, Xénophon se servit de ce procédé pour recueillir les conversations de Socrate. En Italie, ce fut, dit-on, le poète Ennius qui le premier fit usage de ces abréviations (Isidore de Séville, *Origines*, I, 22) ; la chronique d'Eusèbe et Cujas en rapportent au contraire l'invention à Tullius Tiro, affranchi de Cicéron (1). Sans prendre parti pour l'une ou l'autre de ces opinions, il est certain que vers la fin de la République romaine ces procédés étaient parfaitement connus puisque Plutarque nous rapporte (*Vie de Caton d'Utique*, 28) qu'on recueillit de cette manière les discours prononcés au Sénat, lors des débats relatifs à la conjuration de Catilina. « Cicéron, dit-il, avait ce jour-là attiré des clercs qui avaient la main fort légère, auxquels il avait enseigné à faire certaines notes et abréviations qui, en peu de mots, valaient et représentaient beaucoup de lettres, et les avaient disposés çà et là en divers endroits de la salle du Sénat. » — « Ces clercs qui avaient la main fort légère » étaient précisément des *notarii*.

---

(1) De là est venu le nom de notes tironiennes donné souvent à ces sortes d'abréviations.— On peut voir des specimens de ce genre d'écriture à la suite du *Thesaurus inscriptionum* de Gruter et du *De re diplomatica* de Mabillon.

Les *notarii* sont quelquefois désignés, dans la C. 1, § 8, *De officio Præfecti Prætorio Africæ* (Cod. I, 27), par exemple, sous le nom de *singularii*. Cette double qualification répond à deux méthodes complétement différentes de tachygraphie: *per notas et per sigla*. « Notarios dicimus eos qui scribunt « notis, singularios eos qui singulis, » nous dit Cujas (*Observationum*, XII, 40). La méthode *per sigla* la plus imparfaite sans aucun doute et qui devait donner lieu à de nombreuses erreurs, consistait à écrire seulement la première lettre de chaque mot; « sigla sunt singulariæ litteræ, sine coagmentis syl- « laborum. » La formule de l'action *per judicis pos- tulationem*, par exemple, s'écrivait ainsi *per sigla* d'après Valerius Probus: J. A. V. P. U. D., ce qui voulait dire : *Judicem arbitrumve postulo uti des*, etc. — La méthode *per notas*, au contraire, n'offrait pas les mêmes chances d'erreur ; comme le sténo- graphe de nos jours, en effet, le *notarius* avait re- cours à certains signes conventionnels parfaitement déterminés qui lui permettaient de fixer rapidement sur le papier ce qu'on lui dictait. « Notæ non sunt « litteræ, nous dit Cujas, litteræ certe non sunt notæ « quæ figuris quibusdam novis scribuntur, nullam « speciem litterarum habentibus (1). » Aussi de tout

---

(1) Le frag. 6, § 2, *De bonorum possessionibus* (Dig. XXXVII, 1), nous dit de même : «Notis scriptæ tabulæ non « continentur edicto : quia notas, litteras non esse Pedius « libro 25 ad edictum scribit. » — Parmi les textes de la lé-

temps les *notæ* furent-elles beaucoup plus employées
que les *sigla*; les militaires qui avaient reçu de la
faveur impériale de si importants privilèges pour la
confection de leur testament, furent autorisés à faire
usage des *notæ* dans la rédaction de leurs dernières
volontés; le frag. 40 princip., *De testamento militis*
(Dig. XXIX, 1) nous le prouve : « Lucius Titius
« miles notario suo testamentum scribendum notis
« dictavit, et antequam litteris præscriberetur, vita
« defunctus est : quæro, an hæc dictatio valere
« possit ? Respondi, militibus quoquo modo velint,
« et quo modo possunt, testamentum facere con-
« cessum esse : ita tamen, ut hoc ita subsecutum
« esse legitimis probationibus ostendatur. » Mais
nous ne doutons pas, c'était là d'ailleurs l'opinion
de Cujas, que ce fragment ne fût spécial aux militaires et que le testament d'un *paganus* ainsi écrit
per notas ne dut être considéré comme nul.

Les services professionnels des *notarii* ne pouvaient faire l'objet d'un contrat de louage, car, suivant les idées du droit romain, ces services n'étaient

---

gislation romaine où il est question des *notarii*, men-
tionnons les frag. 33, § 1, *Ex quibus causis majores viginti qinque annis* (Dig. IV, 7); — 9, § 4, *De heredibus insti-
tuendis* (Dig. XXVIII, 5); — 41, § 3, *De fideicommissariis
libertatibus* (Dig. XL, 5); — la C. 26, *De pignoribus et
hypothecis* (Cod. VIII, 14), etc. — Enfin, faisons remarquer
qu'on connaissait encore une autre méthode d'écrire *per
notas*, méthode rapportée et décrite par Suétone, *Vies de
César*, 56, *et d'Auguste*, 88; — Aulu-Gelle, *Nuits attiques*,
XVII, 9; — Dion, XL, 9; LI, 3.

pas appréciables en argent. Les jurisconsultes de Rome avaient pensé, et avec raison, que les fonctions des *notarii* étaient de celles qui devaient être relevées et encouragées. Aussi n'était-ce pas à la procédure ordinaire, mais bien à un *cognitio extraordinaria* devant le préteur seul que les *notarii* devaient avoir recours pour réclamer leurs honoraires (Frag. 1, § 6, *De extraordinariis cognitionibus*).

Dans le Code Théodosien, on désigne sous le nom de *notarii* les fonctionnaires chargés de tenir note des délibérations du conseil de l'empereur (*consistorium principis*). Ils formaient au palais impérial une corporation des plus importantes : leur chef, le *primicerius notariorum*, avait rang de consulaire et occupait la douzième place à la Cour (1); le *secundicerius* avait rang de tribun (2). Cette corporation existait encore à l'époque de Justinien (3).

---

(1) E. Boëking, *Notitia dignitatum et administrationum omnium tam civilium quam militarium in partibus Orientis*, cap. XVI; — Lydus, *De magistratibus Romanis*, III, 11.

(2) Ammien Marcellin, XXIX, 1.

(3) Voir au Code Théodosien sur ces *notarii* : les C. 7, *De privilegiis eorum, qui in sacro palatio militarunt* (VI, 35) 21, *De senatoribus et de glebati* (VI, 2); 1 et seq. *De primicerio et notario* (VI, 10), etc., et au Code de Justinien les C. 1 et 2; *De primicerio et secundicerio* (Cod. XII, 7). — Voy. aussi Ducange, *Glossarium mediæ et infimæ latiniatis*, vº *Notarius*.

CHAPITRE II.

DES TABULARII.

Cujas, dans son commentaire sur la C. 15, *De decurionibus et filiis eorum* (Code X, 31), nous donne l'énumération suivante des fonctions diverses des *tabularii* ou *tabellarii* (1) : « Tabularii sunt qui « civitatum aut provinciarium chartas et rationes « tractant atque supputant, qui præsunt tabulario « civitatum : in quo pleraque publica et privatorum « reconduntur, veluti debitorum obsignatæ pecuniæ. « In rebus tamen privatorum plerumque adhibeban- « tur, vel ut pro imperitis litterarum scriberent aut « suscriberent, vel ut pro stipulari nequentibus quasi « personæ publicæ (2). » — Il résulte de ce passage de Cujas que l'on peut envisager les *tabularii* à un double point de vue : 1° comme fonctionnaires mu- nicipaux; 2° comme personnes publiques. Chacune de ces attributions fera l'objet d'une étude spéciale.

---

(1) Ainsi nommés, « a tabulis quas conficiebant » ; c'est ce que nous dit Perezius *In Codicem, De tabulariis, scribis logographis :* « Tabularii dicti a tabulis, quibus olim « scriptitatum fuit, cum nondum esset inventus chartæ « usus. » — On trouve quelquefois dans les textes les *tabularii* désignés sous le nom de *calculatores* ou de *nu- merarii.*

(2) Voy. sur les *tabularii* les frag. 3 § 3, *De tabulis exhi- bendis* (Dig. XLIII, 5); 18 § 10, *De muneribus et honori- bus,* etc.

I. — « Horum (tabulariorum) officium municipale « erat », nous dit Godefroi, sous la C. 2, au Code Théodosien, *De tabulariis, logographis et censualibus* (VIII, 2). Préposés à la garde du *tabularium* (1), c'est-à-dire des archives des cités, diverses constitutions impériales (2) nous montrent les *tabularii* « sous l'autorité des *susceptores* ou collecteurs d'impôts, tenir un compte d'écritures parallèle au compte des deniers du *susceptor*, et qui servait de contrôle en matière d'impôts ou de revenus ; ce n'étaient pas des receveurs, mais des teneurs de livres, secrétaires chargés d'insérer sur les registres publics (*tabulæ*) (3) les rôles et les perceptions (4). »

II. — Ce n'est guère qu'à partir des dernières années du quatrième siècle après Jésus-Christ que

---

(1) Voy. Sur le *tabularium* le frag. 92 princ., *De legatis* 3° (Dig. XXXII ; —Cicéron, *De natura deorum*, III, 30) ; *Oratio pro C. Rabirio, 3 ; pro Archia poeta*, 4.—On se souvient aussi de ce passage de Virgile : (Georgiques, II, 501, 502).

.....nec ferrea jura

Insanumque forum, aut populi tabularia vidit

(2) Notamment les C. 1, 5 et 7, *De exactoribus tributorum* (Cod. X, 19) ; 1 et seq., *De censibus et censitoribus* (Cod. XI, 57) ; 2, *De numerariis, actuariis*, (Cod. XII, 50) ; 1, *De immunitate nemini concedenda* (Cod, X, 25), etc.

(3) Une inscription trouvée à Cœré en 1548 et rapportée par Gruter et par Orelli nous montre avec quel soin étaient tenus ces registres publics ; voici en effet ce qu'on y lit : « Commentarium cottidianum municipii Cæritum. Inde « pagina XXVII, capite VI... Inde pagina altera, capite « primo... Inde pagina VIII, capite primo, » etc.

(4) Serrigny, *Histoire du droit public romain*, II, 117, 118.

nous rencontrons des *tabularii* dans les fonctions municipales ; les *tabularii* personnes publiques au contraire étaient déjà connus depuis longtemps à cette époque : chronologiquement donc, c'est par ces derniers que nous aurions dû commencer nos explications. Si nous nous sommes occupé en premier lieu des *tabularii* fonctionnaires municipaux, c'est d'abord pour nous conformer à l'ordre suivi par Cujas et surtout parce que n'ayant que peu de développements à fournir à leur égard, nous avions hâte d'en finir avec eux pour arriver à la seconde catégorie de *tabularii* bien plus intéressante pour nous au point de vue juridique. Mais avant d'entrer dans les détails des principaux actes dans lesquels les *tabularii* devaient intervenir comme *personæ publicæ*, il nous faut donner quelques renseignements sur les différentes phases qu'eut à traverser cette institution jusqu'à Justinien.

Primitivement ce fut parmi les esclaves publics du peuple romain que se recrutèrent les *tabularii*.— Les Romains, en effet, nous avons eu déjà l'occasion de le dire, considérèrent pendant longtemps comme indignes d'un homme libre les modestes fonctions de scribe ; on s'était même demandé, la C. 3, *De servis rei publicæ manumittendis* (Cod. VII, 9) nous le prouve, si un *tabularius* ayant continué après son affranchissement *tabulariam administrare*, ne devait pas être considéré comme ayant perdu par ce seul fait la liberté.— En leur qualité d'esclaves publics, les *tabula-*

rii jouissaient de toutes les prérogatives attachées au titre de *servi publici populi romani*; ils avaient notamment la faculté de tester sur la moitié de leur patrimoine (Ulpien XX, § 16). Vers l'époque de Constantin nous trouvons les *tabularii* désignés dans les constitutions impériales sous le nom de *conditionales* (1): on entendait par là des individus dans une situation intermédiaire entre les hommes libres et les esclaves, mais ne pouvant quitter les fonctions qu'ils exerçaient. « Hi sunt tabularii huic conditioni « addicti et mancipati, nous dit Cujas sous la C. 7, « *De jure fisci*, adeo ut non possint ad aliam aspi- « rare militiam vel dignitatem. » Cette explication se trouve d'ailleurs confirmée par la C. 1, *De tabulariis, scribis, logographis*, etc., qui interdit formellement aux *tabularii* d'exercer un autre emploi que celui de leur charge et ordonne de les rendre sur le champ à leurs fonctions, quand même ils auraient pris du service à la cour impériale, pourvu toutefois qu'ils soient découverts avant l'expiration d'un délai de cinq ans (2). Enfin, en l'année 401 après Jésus-

---

(1) « Licet conditionales sint, quos vulgo tabularios ap- « pelant. » C. 11, *Qui potiores in pignore habeantur* (Cod. VIII, 18); — « Interrogatio... quæ per conditionales « servos investiganda est. » C. 7, *De jure fisci* (Cod. X, 1).

(2) On peut rapprocher de cette constitution la C. 38 au Code Théodosien, *De decurionibus* (XII, 1). — Perezius nous dit également *In Codicem, eâd const.* : « Adeo suo « collegio et corpori adstricti erant tabularii ut nec ali- « cujus privilegii colore excusare se possent. Quin et

Christ une constitution des empereurs Arcadius et Honorius vint décider qu'à l'avenir les *tabularii* devraient être nécessairement choisis parmi les hommes libres. « Generali lege sancimus, dit la C. 3, « *De tabulariis, scribis, logographis, etc.*, ut sive « solidis provinciis sive singulis civitatibus neces- « sarii fuerint tabularii liberi homines ordinentur : « neque ulli deinceps ad hoc officium patescat aditus, « qui sit obnoxius servituti. » Puis prévoyant le cas où un maître permettrait à son esclave de remplir les fonctions de *tabularius (chartas publicas agere)* notre constitution décide que l'esclave après avoir été frappé de verges sera adjugé au fisc et le maître tenu *in solidum* de tous les actes faits par son esclave en qualité de *tabularius.*

Les lois et les constitutions impériales avaient ordonné en maintes circonstances l'intervention des *tabularii*; nous allons donc maintenant passer en revue les différents cas dans lesquels leur présence était nécessaire.

1° L'usage de constater par écrit sur des registres les principaux événements de la famille existait depuis longtemps déjà à Rome lorsqu'un édit de Marc-Aurèle vint imposer à tous les habitants de l'empire l'obligation de déclarer dans les trente jours la naissance de leurs enfants ; cette déclaration (*professio*

« eorum filii veluti quadam successione, munera ita occu-
« pabant, nec iis liberabantur, obtenta alia militia, quan-
« tumvis palatina, necdum impleto quinquennio. »

natalium) devait avoir lieu devant le préfet du trésor de Saturne à Rome, devant les *tabularii* dans les provinces (1). A la suite de cette déclaration un acte qui avait reçu le nom de *nativitalis scriptura* (Frag. 2, § 1, *De excusationibus*, Dig. XXVII, 1) était inscrit sur des registres spéciaux auxquels il est fait allusion dans un fragment de Scevola (Frag. 29, princip., *De probationibus*, Dig. XXII, 3).

2° L'adrogation des impubères ne fut pas permise de tout temps en droit romain ; ce fut en effet seulement sous le règne d'Antonin le Pieux qu'une constitution de cet empereur leva la prohibition qui jusqu'alors s'était opposée à cette adrogation (Gaius, I, § 102 ; — Ulpien, VIII, § 5). Mais en même temps certaines précautions étaient prises dans l'intérêt de ces adrogés impubères : « Cum autem impubes per prin-« cipale rescriptum adrogatur, nous disent les Insti-« tutes, (§ 3, *De adoptionibus*, I, 11), causa cognita « adrogatio permittitur, et exquiritur causa adroga-« tionis an honesta sit, expediatque pupillo. Et cum

---

(1) « Inter hæc liberales causas ita munivit, ut primus « juberet apud præfectos ærarii Saturni unumquemque « civium natos liberos profiteri, intra tricesimum diem « nomine imposito. Per provincias tabulariorum publico-« rum usum instituit, apud quos idem de originibus fieret « quod Roma apud præfectos ærarii : ut si forte aliquis in « provinciâ natus causam liberalem diceret, testationes « inde ferret. » Julius Capitolinus, *Vie de Marc Aurèle*, 9.— Voy. d'ailleurs pour plus de développements sur ce sujet : *Des preuves de l'état civil chez les Romains*, par Th. Derôme (*Revue de législation et de jurisprudence*, année 1849).

« quibusdam conditionibus adrogatio fit, id est, ut
« caveat adrogator personæ publicæ, si intra puber-
« tatem pupillus decesserit, restituturum se bona illis
« qui, si adoptio facta non esset, ad successionem
« ejus venturi essent, etc. » — La personne publique
à laquelle font allusion les Institutes dans ce para-
graphe est évidemment un *tabularius* : en effet, le
frag. 18, *De adoptionibus et emancipationibus*
(Dig. I, 7) et la C. 2, *De adoptionibus* (Cod. VIII, 48),
nous disent de la manière la plus formelle que cette
persona publica était un *servus publicus*. Théo-
phile, l'un des rédacteurs des Institutes, et dont le
témoignage par conséquent nous est très précieux,
est plus précis encore dans sa paraphrase en langue
grecque sur l'ouvrage élémentaire de Justinien. L'a-
drogeant, nous dit-il, doit donner caution à une personne publique, τυτεσι τω ταβουλλαριω. Enfin Cujas nous
dit : « Justinianus publicam personam tabularium
« vocat qui etiam servus publicus appellatur, quod
« tabularii servi fuissent, antequam id Arcadius et
« Honorius imperatores fieri prohibuerint (1). »

3° Des mesures de précaution avaient également été
prises en faveur des impubères et des mineurs de
vingt-cinq ans. Avant d'entrer en fonctions, les
tuteurs et curateurs étaient tenus de faire constater

---

(1) Un certain nombre d'éditions des *Institutes* portent
d'ailleurs : « Et cum quibusdam conditionibus adrogatio
« fit, id est ut caveat adrogator personæ publicæ, *hoc est
« tabulario* »; — ce qui supprimerait la difficulté.

par un inventaire rédigé en présence de *personæ
publicæ*, c'est-à-dire de *tabularii*, la fortune de l'incapable qu'ils étaient chargés d'administrer. C. 24, *De
administratione tutorum vel curatorum* (Cod. V, 37).
Certains tuteurs ou curateurs devaient en outre donner caution, c'est-à-dire fournir un ou plusieurs fidéjusseurs; si ces fidéjusseurs ne pouvaient s'engager
directement envers l'incapable, soit que ce dernier
fut *infans*, soit qu'il fut absent, c'était encore à l'esclave public, au *tabularius*, qu'on avait recours.
Frag. 1, §§ 15 et 16, *De magistralibus conveniendis*
(Dig. XXVII, 8); frag. 2, *Rem pupilli vel adolescentis salvam fore* (Dig. XLVI, 6).

4° Nous voyons aussi les *tabularii* intervenir en
matière d'usucapion. Justinien décide, en effet, dans
la C. 2, *De annali exceptione Italici* (Cod. VII, 40),
que lorsqu'un absent, un *infans* sans tuteur, un fou
sans curateur sera entré en possession, le véritable
propriétaire ou les créanciers hypothécaires pourront
interrompre l'usucapion commencée au moyen d'une
requête (*libellus*) adressée au président de la province, à son défaut à l'évêque ou au défenseur de la
cité, et qu'en cas de non présence du président, de
l'évêque et du défenseur de la cité, il suffira d'une
affiche apposée au domicile du possesseur, affiche portant la signature des *tabularii*, « cum tabulariorum
« subscriptione ».

5° Une constitution de l'empereur Justin, C. 8, *Qui
testamenta facere possint* (Cod. VI, 22), oblige

l'aveugle voulant tester à se munir d'un *tabularius* en outre des sept témoins exigés ordinairement pour la confection d'un testament. Le *tabularius* devait écrire le testament sous la dictée de l'aveugle et lui en donner lecture à haute voix ; de plus, sa présence écartait tout soupçon de fraude.

6° La présence des *tabularii* était également nécessaire lorsqu'un héritier ne voulant pas s'exposer au danger d'être tenu des dettes héréditaires *ultra vires hereditatis*, et ne voulant pas cependant répudier la succession, acceptait sous bénéfice d'inventaire ; dans ce cas, un inventaire de toutes les choses composant l'hérédité devait être fait *sub præsentia tabulariorum*. C. 22, § 2, *De jure deliberandi* (Cod. VI, 30). — L'héritier signait cet inventaire ; s'il ne savait pas écrire, il était tenu d'appeler un *tabularius* spécial pour signer à sa place, *venerabili signo antea manu hæredis præposito*. La coutume de remplacer sa signature par une croix existait donc déjà au temps de Justinien.

7° Nous devons enfin mentionner, pour terminer cette énumération, qu'aux termes de la C. 10, § 1, *De bonis auctoritate judicis possidendis* (Cod. VII, 72), lorsqu'à la suite d'une *bonorum distractio*, tous les créanciers engagés dans la poursuite auront été désintéressés, et que néanmoins il restera un excédant sur le prix provenant de la vente des biens de leur débiteur, cet excédant devra être versé entre les mains du trésorier de l'église, en présence des *tabu-*

larii. De plus, et quel que fut cette fois le résultat de la vente, les créanciers étaient tenus de prêter serment sur les saints Évangiles (*sacrosanctis Evangeliis propositis*), devant les mêmes personnes, qu'ils ne s'étaient rendus coupables d'aucun dol pendant toute la durée des poursuites.

Ce que nous avons dit des *notarii*, relativement à l'appréciation de leurs services, est également vrai des *tabularii*; même observation, par suite, en ce qui concerne la compétence exclusive du magistrat. (Frag. 1, § 6, *De extraordinariis cognitionibus*).

Nous nous sommes jusqu'ici occupé exclusivement des *tabularii* fonctionnaires municipaux ou personnes publiques; mais indépendamment de ces deux classes de *tabularii*, il y avait encore à Rome des *tabularii* particuliers, esclaves instruits chargés de tenir les comptes de la maison de leur maître et de porter ses messages. C'est à un *tabularius* de ce genre que Cicéron fait allusion lorsqu'il écrit à un de ses amis : « Ego tabellarios postero die eram ad vos « missurus » (VI, 9); — dans le frag. 65 princip., *De adquirendo rerum dominio* (Dig. XLI, 1), il est aussi question d'un *tabularius* particulier : « Si epis-« tolam tibi misero, non erit ea tua, antequam tibi « reddita fuerit. Paulus : imo contra; nam si miseris « ad me tabellarium tuum, et ego rescribendi causa « litteras tibi misero : simul atque tabellario tuo tra-« didero, tuæ fient. »

SECONDE PARTIE.

DES TABELLIONES (1).

CHAPITRE PREMIER.

ORIGINE DES TABELLIONS, LEUR SITUATION SOCIALE.

Cujas, commentant la C. 15, *De decurionibus et filiis eorum*, nous donne des tabellions la définition suivante : « Tabelliones sunt publici contractuum « scriptores »; ailleurs, sous la Novelle 44, il nous apprend qu'il existait en Grèce une institution analogue à celle du tabellionat romain et dont les membres avaient reçu le nom de νομικοι ou αγοραιοι ; mais nulle part dans ses œuvres, nulle part dans les textes on ne trouve de renseignements sur les origines des tabellions. Néanmoins on est parvenu à déterminer à peu près l'époque de la création du tabellionat; de la C. 15 déjà citée, rendue en 316 ap. J.-C. sous le règne de Constantin et où il est question de *tabelliones*, on a pu conclure avec certitude en faveur de leur existence au commencement du quatrième siècle de notre ère; il est même probable qu'ils existaient

---

(1) Sources principales : B. Brissonnius, *De formulis et solemnibus populi romani verbis;* — Brunemann, *Commentarius in duodecim libros Codicis Justinianei;* — J. Calvin, *Lexicon juris civilis,* v° *Tabellio;* — E. Spangenberg, *Juris romani tabulæ negotiorum solemnium;* — Le Gentil, *Essai historique sur les preuves;* — J. Michot, *Histoire de la forme des conventions,* etc.

auparavant, car on ne nous parle pas du tabellionat comme d'une institution nouvelle; mais antérieurement à 316 ap. J.-C. les textes du droit romain parvenus jusqu'à nous ne font pas mention de l'existence des tabellions.

Un certain nombre d'auteurs, Accurse entre autres, ont soutenu que jusqu'en l'année 401, époque à laquelle fut rendue la célèbre constitution des empereurs Arcadius et Honorius, dont nous avons déjà plusieurs fois parlé, les tabellions se prenaient uniquement parmi les esclaves; ils invoquent notamment à l'appui de leur opinion le frag. 18, *De adoptionibus et emancipationibus*, la C. 3, *De servis reipublicæ manumittendis*, et la C. 2, *De adoptionibus;* mais tous ces textes se réfèrent aux seuls *tabularii* (1). L'erreur de ces auteurs peut s'expliquer seulement par une étrange confusion de leur part entre les *tabularii* et les *tabelliones;* or, la suite de cette étude nous fera voir à chaque instant combien étaient différentes leurs attributions respectives. L'opinion contraire s'appuie sur l'autorité des auteurs les plus estimables, tels qu'Alciat, Cujas, Coquille, Godefroi, Henrys, Arnold Corvin, Perezius, Furgole, etc. « Tabelliones igitur erant liberi homines », nous dit l'un d'eux (2); — Arnold Corvin est encore

____

(1) Dans le même sens : Barthole; — Gui Pape, décision 90.

(2) Perezius : *Prœlectiones in duodecim libros Codicis,* tit., *De tabulariis, scribis, logographis.*

plus explicite si c'est possible : « Nec etiam olim ta-
« belliones, ut volunt vulgo interpretes eos cum ta-
« bulariis confundentes, servi erant sed personæ
« liberæ; nec eorum officium erat vile, ut iidem vo-
« lunt, sed honorificum (1). » Comment expliquer
d'ailleurs avec le système d'Accurse la C. 15, *De decurionibus et filiis eorum*, qui fait défense formelle
aux décurions de prendre une charge de tabellion;
une semblable prohibition n'eut-elle pas été complètement inutile si les tabellions eussent été esclaves?
La C. 21, *Ad legem Corneliam de falsis* (Cod. IX,
22), où il est parlé d'un tabellion devenu décurion
ne se comprend plus avec l'opinion adverse.

Néanmoins, tout en admettant que les tabellions
ne furent jamais choisis parmi les esclaves, ne
devons-nous pas conclure de la défense faite aux décurions *a tabellionum officiis temperare*, que le
tabellionat était peu considéré chez les Romains? Pas
le moins du monde. La constitution de Constantin,
reproduite en partie seulement par le Code de Justinien, mais conservée dans son intégralité au Code
Théodosien (C. 3, *De decurionibus*, XII, 1), nous
montre en effet que cette prohibition n'était pas réciproque et qu'un tabellion pouvait fort bien être appelé
à faire partie de la curie : « Universos decuriones
« volumus a tabellionum officiis temperare. Nemo

---

(1) Arnold Corvin : *Jurisprudentiæ romanæ summa-
rium seu Codicis Justinianei methodica enarratio*, X, 69.

« autem ad decurionatum vocatus excusare se poterit,
« eo quod fuerit tabellio, cum hujusmodi homines si
« sint idonei, vocari ad decurionatum oporteat. Lex
« enim quæ decuriones a tabellionum officiis voluit
« submovere, ad decurionatum tabelliones vocari
« non prohibet. » — On sait de quelle considération
et de quels privilèges, chèrement payés il est vrai,
était entouré le titre de décurion; les décurions formaient le premier ordre de la cité, les principaux
fonctionnaires étaient choisis parmi eux, etc. Puisque
nous voyons les tabellions admis à faire partie de la
curie, nous pouvons, ce nous semble, en conclure
qu'ils occupaient un rang des plus honorables dans
la société romaine.

Mais pour quel motif avait-on établi cette incompatibilité entre les fonctions de tabellion et celles de
décurion ? Une première explication proposée par
Perezius en se fondant sur la C. 5, *Qui militare possunt* (Cod. XII, 34), consiste à dire qu'on a voulu
par là éviter les inconvénients résultant du cumul
de deux fonctions importantes : « Prohibet lex ne
« …utroque munere simul fungantur, propterea quod
« inconveniens sit, ut quis plura officia simul exerceat. »
— Godefroi donne une autre raison de cette prohibition : les fonctions de décurion étaient très honori-
fiques et plus considérées que celles de tabellion : or
s'il est permis de s'élever il n'est pas permis de des-
cendre dans l'échelle des honneurs; par suite un
tabellion. pouvait bien devenir décurion, mais un

décurion ne pouvait pas devenir tabellion ; « licet
« ascendere non descendere in honoribus capessen-
« dis, inferiorque est decurionatus honore et dignitate
« tabellionis officium (1). »

Lorsqu'un tabellion devenait décurion il était
tenu avant d'entrer en fonctions de déposer *apud
acta* ses *chartulæ* : « Si qui tabellionum, nous dit
« la C. 2 au Code Théodosien, *De tabulariis*, neces-
« sitate perfuncti vel adspirare cæperint ad curias
« vel vocari, non prius eos ordo suscipiat, quam
« fideliter dederint administratarum suo tempore
« chartularum apud acta rationem. » — Plusieurs
constitutions impériales avaient exempté les décurions *a quæstionibus et tormentis* en compen-
sation des charges si lourdes qui pesaient sur eux ;
d'où la question de savoir si un tabellion nommé
décurion pouvait, en se retranchant derrière sa nouvelle dignité, se soustraire aux peines corporelles
encourues par lui comme tabellion. La C. 1 au Code
Théodosien, *Ad legem Corneliam de falso* (IX, 19)
décide la négative ; « nec vero is qui ante fuerit ta-
« bellio, ad eludendam quæstionem super his quæ
« ante scripserit, factus decurio defendi hac poterit
« dignitate : quoniam scripturæ veritas, si res po-
« poscerit, per ipsum debet probari auctorem. »

---

(1) Codex Theodosianus cum perpetuis commentariis
Jacobi Gothofredi (C.3, *De decurionibus*).

CHAPITRE II.

DE LA CORPORATION DES TABELLIONS ET DE SON RECRUTEMENT ; COMPOSITION D'UNE « STATIO ».

Une Novelle de l'empereur Léon περι πολιτικων σωματειον διαταξεων et le commentaire de Cujas sur la C. 15, *De decurionibus*, nous fournissent d'intéressants détails sur la corporation des tabellions et sur son mode de recrutement. Nous ne saurions mieux faire que de donner en entier le passage de Cujas relatif à notre sujet : « Ex qua (Leonis novellà) intel-
« ligitur fuisse certum tabellionum corpus sub pri-
« micerio, a quo ex collegii sententia tabelliones
« quique creabantur, non nisi homines fidei probæ,
« et scribendi loquendique peritissimi, nec non et
« juris periti. Adjicitur, creationem eorum insinuan-
« dam esse apud præfectum urbis, creatoribus ju-
« rantibus se nec ambitione, nec gratia ulla, sed
« sola virtutis conscientia ad novi tabellionis elec-
« tionem adductos, atque ita in secretario præfecti
« urbis annuli signatorii oblatione, ejus promotio-
« nem fieri. Duci autem eum ad præfectum urbis
« indutum ephestride, ac deinde promotione facta
« ad templum, ceteris tabellionibus eadem indu-
« menta gerentibus, ibique pro ephestride, ei a
« sacerdote dari album φελωνιον superdicta prece. » —
Ce cérémonial compliqué, l'intervention du préfet de

la ville et des ministres de la religion nous montrent encore une fois la considération bien légitime attachée par les Romains aux fonctions de tabellion.

Le local où les tabellions recevaient leurs clients et rédigeaient leurs actes avait reçu le nom de *statio* (Nov. 44, cap. 1, § 1); mais, surchargés de travail, ils ne durent pas tarder à être obligés de recourir à des auxiliaires et peu à peu nous voyons se grouper autour d'eux dans la *statio* : 1° des *ministrantes, ministri* ou *discipuli*, avec des fonctions analogues à celles des clercs de notaire actuels; 2° un *adjutor* ou *substitutus* (Nov. 44, cap. 1, § 4), auquel le tabellion donnait pouvoir d'assister à sa place à la rédaction des actes. Mais c'était seulement à Constantinople que les tabellions était autorisés à choisir un substitut; notre texte, il est vrai, ne semble faire aucune restriction ; néanmoins nous nous croyons autorisé à soutenir que cette mesure ne s'appliquait pas aux provinces, par la considération suivante : cette substitution devait être faite par actes solennellement passés chez le clarissime maître du cens « gestis « apud clarissimum magistrum census felicissimæ « civitatis solemniter celebratis; » or, il n'existait de *magister census* qu'à Constantinople. Nous devons donc en conclure que les tabellions des provinces n'avaient pas été admis à se prévaloir de cette prérogative. Si cette mesure avait dû s'appliquer à tous les tabellions de l'empire, sans nul doute on eût fait figurer les défenseurs de la cité à côté du maître du cens. C'était d'ailleurs à Constantinople qu'il importait surtout de venir en aide aux tabellions, le nombre des affaires y étant beaucoup plus considérable qu'ailleurs (1).

Les textes nous parlent encore comme faisant partie de la *statio* d'un *dominus stationis*. On ne sait pas bien au juste quelles étaient ses fonctions; d'après l'opinion la plus généralement admise, ce serait tout simplement le propriétaire de l'immeuble où était établie la *statio*. Le *dominus stationis* avait droit à une certaine somme sur les gains résultant de la confection des actes (Nov. 44, cap. 1, § 2).

---

(1) « Probari hic (adjutor vel substitutus) debet apud « acta magistri census. In provinciis partes ejus sustine- « bant defensores civitatum. Cur igitur magistro census « hac Novella non junguntur defensores civitatum, — se « demande Cujas sous la Nov. 44; — quia hoc in urbe tan- « tum permittit Justinianus, ut tabellio habeat adjutorem « et quasi vicarium propter ingentem numerum contra- « hentium. »

CHAPITRE III.

DES OBLIGATIONS IMPOSÉES AUX TABELLIONS RELATIVEMENT A LA RÉDACTION DE LEURS ACTES.

Nous connaissons à peu près la *statio* et son personnel; il nous faut maintenant étudier les formalités que les tabellions étaient tenus d'observer dans la rédaction de leurs actes.

Les actes rédigés par les tabellions passaient d'habitude par deux phases bien distinctes : en premier lieu, les parties exposaient leur affaire au tabellion, qui en faisait prendre acte par un de ses *ministrantes*; ces notes constituaient la *scheda*. La *scheda* ne liait pas les parties; elles n'étaient obligées l'une envers l'autre qu'à partir du moment où le tabellion avait rédigé les notes de son clerc *in mundum* (C. 17, *De fide instrumentorum*) ou *in chartam puram* (Nov. 44, cap. 2). Il existait donc une différence considérable entre la *scheda* et la *transcriptio in mundum*; cette différence ressort parfaitement de la comparaison suivante de Cujas : « Prius solent « tabelliones contractus scribere in schedula, deinde « complere in mundo, ut paterfamilias rationes suas « in adversariis primum, deinde in codice. »

Quelques difficultés se sont élevées relativement à la question de savoir si les tabellions étaient tenus de faire eux-mêmes la *transcriptio in mundum*. Dans notre ancien droit, Loyseau soutenait l'affirmative (*Du droit des offices*, II, 5); et de nos jours cette opinion paraît être encore celle de M. Bonnier (*Traité des preuves*, II, n° 461). Nous ne saurions cependant l'admettre en présence du texte si formel de la Nov. 73, qui, à deux reprises, nous montre de la manière la plus évidente le peu de fondement du système de nos adversaires. Le chapitre 7 de cette Novelle suffirait à lui seul, ce nous semble, pour écarter toute difficulté ; voici en effet ce que nous lisons dans le § 1er : « In his vero quæ conficiuntur publice do- « cumentis, si tabellio venerit, et testimonium perhi- « buerit cum jurejurando, si quidem non per se scrip- « serit, sed per alium ministrantem sibi, etc. » Le § 2 de ce même chapitre 7 n'est d'ailleurs pas moins probant : « Quod si tabellio defunctus est, — y lisons- « nous, — si quidem sic habeat eum, qui conscripsit « instrumentum, viventem, etc. » Ne sont-ce pas là des arguments sans réplique? Examinons maintenant les textes sur lesquels s'appuient Loyseau et après lui M. Bonnier; ces auteurs invoquent principalement à l'appui de leur opinion un passage de la C. 17, *De fide instrumentorum*, ainsi conçu : « Contractus..... « quos in scriptis fieri placuit... non aliter vires ha- « bere sancimus... nisi instrumenta in mundum re- « cepta, subscriptionibusque partium confirmata, et si « per tabellionem conscribantur, etiam ab ipso com- « pleta et postremo a partibus absoluta sint. » Il suffit de traduire ces quelques lignes pour se convaincre

de l'erreur où sont tombés nos adversaires : s'il
s'agit d'actes privés, nous dit cette constitution, ils
ne vaudront qu'après avoir été mis au net et confirmés par la signature des parties; s'il s'agit, au contraire, d'actes rédigés par un tabellion, outre les conditions déjà indiquées, il faudra la *completio tabellionis ipsius* et l'*absolutio partium*; pour tirer de cette
constitution un argument en faveur de l'opinion de
Loyseau, il faudrait qu'il y eût « et si per tabellio-
« nem, nisi per eum conscribantur, etc. ». Le second
texte est encore moins probant si c'est possible; la
C. 31, *De donationibus* (Cod. VIII, 54), décide en effet
tout simplement que les donations non sujettes à
l'insinuation peuvent ne pas être signées des témoins,
« si forte per tabellionem vel alium scribantur. »
Cette constitution, on le voit, est tout à fait étrangère
à la question qui nous occupe. — On reste donc en
présence de deux textes fort clairs et de ces textes
nous pouvons conclure avec certitude qu'à l'époque
de Justinien la *transcriptio in mundum* pouvait
être indifféremment l'œuvre du tabellion lui-même
ou de l'un de ses *discipuli*.

SECTION PREMIÈRE.

De l'obligation imposée aux tabellions de recevoir eux-mêmes leurs actes.

Si le tabellion avait la faculté de faire rédiger la
scheda et même la *transcriptio in mundum* par l'un

de ses clercs, au moins devait-il assister en personne à l'entière rédaction de l'acte. Mais des abus graves nécessitèrent une réforme énergique de Justinien. Les tabellions, en effet, débordés probablement par les affaires, avaient pris peu à peu l'habitude de s'en tenir uniquement à mettre leur *completio* aux actes qu'ils recevaient; la Nov. 44, nous apprend dans quelles circonstances ce fàcheux état de choses fut découvert et les mesures prises par l'empereur pour y remédier. On présentait un acte dans lequel était partie une femme, acte non signé il est vrai de cette dernière, car elle était illettrée, mais revêtu de la *completio* du tabellion, de la signature d'un *tabularius* et faisant d'ailleurs mention de la présence des témoins. Des doutes s'élevaient néanmoins, la femme prétendant n'avoir pas consenti aux clauses de l'acte en question. Le juge chargé de l'examen de l'affaire chercha à savoir la vérité au moyen du tabellion; ce dernier reconnut bien sa *completio* mais ne put rien répondre au sujet de l'acte, car c'était un de ses clercs qui l'avait rédigé et qui avait reçu la signature du *tabularius*. On fit alors comparaître le *tabularius*, mais lui non plus ne savait rien; ce n'était pas lui, disait-il, qui avait écrit l'acte, il s'était borné à le signer. Restait le clerc, mais lui fut introuvable. Il fallut par conséquent recourir aux témoins et par suite s'exposer à tous les dangers de la preuve testimoniale (Nov. 44, *Præfatio*). — Pour empêcher de pareilles difficultés de se reproduire à l'avenir, Justinien décide que les tabellions devront désormais être présents à la contexture de l'acte, à Constantinople comme dans les provinces, à peine de destitution (Cap. 1er *princip.* et § 1er).

En cas de maladie ou d'occupations, il autorise les tabellions à appeler les parties devant eux, et termine cette série de prescriptions par ce sage conseil : Il vaut mieux faire peu de bons actes que d'en faire une multitude irrégulièrement, *cum melius sit pauca agere caute quam multis interesse periculose* (§ 3).

Il est à peine besoin d'ajouter qu'à Constantinople, où les tabellions avaient la faculté de se choisir un substitut, ce dernier ou le tabellion en personne pouvaient indifféremment assister à l'acte.

SECTION II.

De l'injonction faite aux tabellions d'écrire leurs actes sur la feuille du protocole.

Dans le chapitre second de cette même Novelle 44, Justinien enjoint aux tabellions de se servir pour la rédaction de leurs actes d'un papier spécial portant en tête, *in initio quod vocatur protocollum*, le nom du très glorieux comte des sacrées largesses (ministre du trésor public), l'époque de la fabrication du papier et autres mentions analogues. Que faut-il entendre par ce mot *protocollum* ? Diverses explications ont été proposées ; Cujas nous en fournit l'énumération dans son commentaire sur la Novelle 44 et nous donne en même temps son opinion sur cette question. « Protocollum quid est ? Alius majorem et « regiam chartam interpretatur, alius schedam negli- « gentius scriptam, alius exemplar formularum quo « tabelliones uti solent. Omnes errant vehementer. Ut « hodie chartæ habent notam aliquam, ex qua dignos- « citur quis eam chartam preparaverit, ita habebant « olim chartæ brevem adnotationem, quæ declarabat « quo comite largitionum, sub ejus cura erant charta- « riæ, quo tempore et a quo preparatæ fuissent chartæ: « ex eo coarguebatur sæpe falsitas : sicut Lutetiæ au- « divi accidisse ut senatus suspectum chirographum « ex die in eo adscripto quo nondum ejus notæ « charta nulla erat in rerum natura certissimo argu- « mento quasi falsum improbaret; et hac ratione Jus- « tinianus non vult ex chartis abscindi protocolla. » — Cette obligation imposée aux tabellions eut certai- nement pour effet de prévenir certaines fraudes, des antidates par exemple; mais le but immédiat de Justinien n'était-il pas de procurer une nouvelle source de revenus au trésor impérial? A ce double point de vue, ce papier spécial présentait donc de grandes analogies avec notre papier timbré actuel.

La défense faite aux tabellions *in alia charta pura scribere documenta* ne s'étendait pas aux provinces; c'était à Constantinophe seulement où il y avait beaucoup de contractants et du papier en abondance (ubi plurima quidem contrahentium mul-

titudo, multa quoque chartarum abundantia est)
que cette prohibition devait être observée.

SÈCTION III.

De la date à mettre sur les actes.

Dans la Novelle 47, Justiniên indique aux tabellions comment ils dévront à l'avenir dater leur actes.
Les motifs par lesquels il croit dévoir justifier sa
constitution sont curieux à réproduire comme
exemple du langage emphatique des législateurs du
Bas-Empire : « Si quis enim respexerit ad vetustis-
« sima homimum, et antiquæ reipubliæ : Æneas
« nobis Trojanus rex, reipublicæ princeps : et nos
« quidem Æneadæ ab illo vocamur, sive quis etiam
« ad secunda principis respexerit, ex quo pure
« Romanorum nomen apud homines coruscavit,
« reges eam constituerunt Romulus et Numa : ille
« quidem civitatem ædificans, hic autem eam
« legibus ordinans et exornans : sive etiam tertia
« principia sumat quilibet imperii : Cæsarem maxi-
« mum, et Augustum Pium : et ita rempublicam
« nobis inveniet hanc quæ nunc esse valentem :
« sitque immortalis ab illis procedens. Erit ergo
« absurdum in documentis et iis quæ in judiciis
« aguntur et absolute in omnibus, in quibus memoria
« quædam fit temporum, non imperium his præ-
« poni. » (*Præfatio*). En conséquence l'empereur
décide que les actes des tabellions devront désormais

commencer pas ces mots : L'an... du règne de... très sacré empereur auguste, *imperii illius sacratissimi Aug. Imperatoris anno toto;* puis viendront à la suite le nom du consul, l'*indictio* (1), le mois et le jour (Cap. 1ᵉʳ, *princip.*) (2).— Dans certaines parties de l'empire, en Asie Mineure notamment, on avait pris l'habitude de compter les années à partir de la fondation des villes ; cette coutume peut être conservée, nous dit Justinien, mais à condition que l'année de la fondation de la ville figurera en dernier lieu après les énonciations dont nous venons de parler (Cap. 1ᵉʳ, § 1ᵉʳ).

SECTION IV.

Des chiffres et des signes abréviatifs.

Justinien, à tort ou à raison, n'aimait pas les abréviations.. Dans la deuxième préface du Digeste (§ 22), il prononce les peines du faux contre ceux qui

---

(1) On appelait *indictio* l'édit par lequel l'empereur déterminait chaque année le montant de l'impôt foncier à payer par les provinces (C. 3 et 13, *De annonis et tributis* (Cod. X, 16); C. 1 et 2, *De indictionibus* (Cod. X, 17); (Nov. 128, cap. 1).

(2) Voici, d'après Spangenberg, la formule initiale d'un acte rédigé par un tabellion en l'année 587 ap. J.-C. : « In « nomine Dei Salvatoris nostri Jesu-Christi, Imperante « domino Mauritio Tiberio Augusto anno sexto, et post « Consulatum ejusdem Domini nostri anno quarto, Indic- « tione sexta, vigesima octava die mensis Decembris, « Ravennæ, etc. » (III, nº 34).

écriraient ses lois par sigles (adversus eos qui leges nostras per siglorum obscuritates ausi fuerint con- scribere) et décide que tout, y compris même le numéro des titres devra être exprimé en lettres (per consequentias literarum volumus, non per sigla manifestari); — dans la Novelle 107, Cap. 1er, nous remarquons encore la même préoccupation de sa part à prohiber les chiffres (non signis numerorum significandas sed per totas literas declarandas ut undique claræ et indubitatæ consistant). Aussi ne devons-nous pas être surpris de le voir dans le chap. 2 de la Novelle 47 défendre formellement aux tabellions d'écrire leurs actes autrement qu'en lettres latines « communes et omnibus notæ, et quæ legi « ab omnibus facile possint, » et de se servir de chiffres pour les dates.

SECTION V.

Des témoins, de leur nombre et de la capacité requise pour être témoin.

Les tabellions devaient se faire assister de témoins dans la confection de leurs actes et mentionner leur présence avant la *completio;* « sed et si instrumenta « publice confecta sint, nous dit la Nov. 73, cap. 5, « licet tabellionum habeant supplementum, adji- « ciatur et eis antequam compleantur testium ex « scripto præsentia. » La Nov. 44 nous parle également ment de la nécessité pour les tabellions de passer

leurs actes devant témoins. Mais ni l'une ni l'autre de ces Novelles ne nous apprennent le nombre des témoins nécessaires ; nous en sommes donc réduit, à défaut de textes précis sur ce point, à nous reporter au frag. 12, *De testibus* (Dig. XX, 5) : « Ubi nume-
« rus testium non adjicitur, y lisons-nous, etiam
« duo sufficient, pluralis enim elocutio duorum nu-
« mero contenta est ; » — deux témoins étaient donc nécessaires, mais suffisants pour les actes des tabel-lions.

Cette règle néanmoins n'était pas absolue : dans certains cas, en effet, on pouvait se dispenser de té-moins, dans d'autres au contraire un plus grand nombre était exigé. — Ainsi la présence de témoins était inutile lorsqu'il s'agissait de donations devant être insinuées ; la C. 31, *De donationibus*, nous le prouve : « In donationibus, quæ actis insinuantur.
« non esse necessarium judicamus vicinos, vel alios
« testes adhiberi. Nam superfluum est privatum tes-
« timonium cum publica monumenta sufficiant. » Mais les tabellions devaient se conformer à la règle générale toutes les fois qu'ils avaient à rédiger un acte de donation ne dépassant pas la somme de cinq solides ou bien encore lorsqu'une disposition parti-culière avait complètement affranchi la donation de la formalité de l'insinuation (1). — S'agissait-il

---

(1) Les donations faites à l'empereur ou par l'empereur ; à un propriétaire pour reconstruire sa maison écroulée ou incendiée ; pour le rachat des captifs ; pour la constitution

au contraire d'un testament, ce n'étaient plus deux témoins qu'il fallait, mais cinq ou trois, suivant qu'on était à la ville ou à la campagne ; ainsi dispose la Novelle·41 de l'empereur Léon, abrogeant sur ce point les C. 12 et 31, *De testamentis* (Cod. VI, 23) (1).

Quelles conditions de capacité étaient exigées des témoins? Pour servir de témoin dans les *acta publice confecta* il fallait : être citoyen romain, du sexe masculin, pubère, n'être ni furieux, ni muet, ni sourd, ni prodigue interdit, n'avoir pas été déclaré par les lois improbe et indigne d'être témoin, ne pas être noté d'infamie, n'être ni hérétique ni apostat. — En conséquence ne pouvaient pas être témoins :

1º *Les esclaves.* — *Servus nullum caput habet* nous disent les Institutes, § 4, *De capitis deminutione* (I, 16) ; *servile caput nullum jus habet*, lisons-nous également au frag. 3, § 1, *De capite minutis* (Dig. IV, 5). *Juris civilis communionem non habentes* (frag. 20, § 7, *Qui testamenta facere possunt.* Dig. XXVIII, 1), c'était dans des cas tout à fait exceptionnels et quand on n'avait pas d'autre moyen de découvrir la vérité, *cum alia probatio ad eruendam veritatem non est*, qu'on pouvait appeler des

---

de dot étaient dispensées d'insinuation même au-dessus de cinq cents solides.

(1) La C. 12 de Dioclétien exigeait sept témoins ; sous Justinien la C. 31 avait réduit ce nombre à cinq pour les testaments faits à la campagne.

esclaves en témoignage ; (frag. 7, *De testibus*). En règle générale, ils ne pouvaient donc pas être témoins ; toutefois si c'était par erreur qu'un esclave avait figuré comme témoin dans un acte, si par exemple au moment de la confection de l'acte tout le monde le croyait libre et que plus tard seulement sa véritable condition fut reconnue, il y aurait lieu, nous n'en doutons pas en pareille circonstance, de décider conformément aux rescrits des empereurs Adrien, Sévère et Antonin, rapportés aux Institutes § 7, *De testamentis ordinandis* (II, 10), que l'acte auquel cet esclave a concouru doit être considéré comme aussi valable que si tout y avait été régulier, *ut sic habeatur, ac si, ut oportet, factum esset.* C'est une application de la règle : *Error communis facit jus.*

2° *Les femmes.* — Dans toutes les civilisations primitives et dans une société essentiellement aristocratique comme l'était la société romaine, les femmes ont toujours été tenues dans une position inférieure. On disait d'elles qu'elles avaient *animi levitas* (Gaius, I, § 144), *sexus infirmitas, forensium rerum ignorantia* (Ulpien, XI, § 1). Aussi la Nov. 48 de l'empereur Léon interdit-elle expressément aux femmes *in contractibus testimonium præbere.*

3° *Les impubères.* — Rappelons ici simplement, sans entrer dans les détails de la discussion, qu'après de longues controverses sur le point de savoir à quel moment un homme devait être réputé pubère, la C. 3, *Quando tutores vel curatores* (Cod. V, 60) avait fixé la puberté à l'âge de quatorze ans ; on pouvait donc servir de témoin à partir de cet âge.

4° *Les furieux (furiosi).* — Ils sont complètement incapables d'être témoins pendant leurs accès de démence ; complètement capables pendant leurs intervalles lucides. C'est ce qu'exprime parfaitement le fragment 20, § 4, *Qui testamenta facere possunt :* « Ne furiosos quidem testis adhiberi potest, cum « compos mentis non sit : sed si habet intermission- « nem, eo tempore adhiberi potest. »

5° et 6° *Les muets et les sourds.* — La raison de cette interdiction est tellement évidente qu'il est à peine besoin de la mentionner. Le sourd ne peut être témoin *quoniam exaudire non potest ;* le muet, *quoniam loqui non potest* (Ulpien, XX, §§ 7 et 13).

7° *Les prodigues interdits (cui bonis interdictum est).* — A la différence des furieux qui pouvaient être témoins pendant leurs intervalles lucides, les prodigues interdits étaient frappés d'une incapacité absolue (Frag. 18 princip., *Qui testamenta facere possunt).*

8° *Les personnes ayant été déclarées par la loi improbes et indignes d'être témoins (improbi intestabilesque).* — Le jurisconsulte Gaius nous apprend au frag. 21, *Qui testamenta facere possunt,* ce qu'il faut entendre par ces mots *improbi intestabilesque :* « Cum lege quis intestabilis jubetur esse, eo pertinet « ne ejus testimonium recipiatur, et eo amplius, ut

« quidam putant, ne ipsi dicatur testimonium. »
Avaient été déclarées improbes et indignes d'être témoins : les personnes condamnées pour adultère
(Frag. 14, *De testibus*); pour concussion, (*repetundæ*)
(Frag. 15 princip., *eod. tit.*); pour diffamation, (*car-
men famosum*) (Frag. 21 princip., *eod. tit.*; frag. 18,
§ 1, *Qui testamenta facere possunt*; frag. 5, § 9,
De injuriis et famosis libellis, Dig. XLVII, 10); pour
avoir refusé leur témoignage en justice après avoir
consenti à être témoins dans un acte, *qui se sierit
testarier... ni testimonium fariatur* (Loi des Douze
Tables, VIII, 22; Aulu-Gelle, *Nuits attiques*, VI, 7;
XV, 13).

9° *Les personnes notées d'infamie.* — Étaient notés
d'infamie et comme tels incapables d'être témoins :
les individus condamnés à la suite d'un *judicium
publicum*; ceux qui étaient dans les fers ou se louaient
pour combattre les bêtes féroces (Frag. 3. § 5, *De testibus*); les militaires chassés de l'armée *ignominiæ
causa*; les comédiens; ceux qui avaient commis le
crime de *lenocinium*, ceux qui avaient été condamnés
pour vol, injures, dol ou à la suite de certains contrats, société, tutelle, mandat, dépôt (Frag. 1, *De
his qui notantur infamia*, Dig. III, 2), etc.

10° et 11° *Les hérétiques et les apostats.* — La
C. 4, *De hæreticis et manichæis* (Cod. I, 5), interdit
aux hérétiques et en particulier aux Manichéens et
aux Samaritains de concourir comme témoins à la
confection des actes; la C. 3, *De apostatis* (Cod. I, 7)

contient la même prohibition relativement aux apostats.

Tous les individus compris dans cette énumération, les esclaves, les femmes, les impubères, etc., étaient frappés d'une incapacité absolue et le tabellion, sous peine de faire un acte nul, devait refuser de les recevoir comme témoins. Mais il pouvait arriver qu'une personne, quoique ne rentrant d'ailleurs dans aucune des onze catégories énumérées plus haut, fut cependant incapable de servir de témoin dans un *instrumentum forense*. Il existait, en effet, en dehors des incapacités absolues, des incapacités relatives s'opposant à ce qu'un individu, bien que réunissant toutes les conditions requises pour être témoin, participât, dans certaines circonstances, en cette qualité, à la rédaction d'un acte. *Nullus idoneus testis in re sua intelligitur*, nous dit le frag. 16, *De testibus* ; de ce principe général reproduit par la C. 16, *De testibus* (Cod. IV, 20), les jurisconsultes romains avaient déduit par voie de conséquence que tous les parents et alliés jusqu'au cinquième degré inclusivement ne pourraient pas être témoins les uns pour les autres ; cette prohibition existait également ment entre le patron et son affranchi (Frag. 4, *De testibus*), etc. Enfin, il est probable, quoique nous n'ayons point de textes précis à cet égard, que les parents du tabellion ne pouvaient pas être témoins dans les actes reçus par ce dernier.

Pour terminer ce que nous avions à dire des té-

moins, il nous reste à ajouter que toutes les conditions de capacité dont nous avons parlé étaient exigées seulement au moment de la confection de l'acte; peu importaient les changements survenus par la suite. « Conditionem testium tunc inspicere de-
« bemus, cum signarent, non mortis tempore : si
« igitur tunc cum signarent, tales fuerint, est adhi-
« beri possint, nihil nocet, si quid postea eis contige-
« rit. » (Frag, 22, § 1, *Qui testamenta facere possunt*).

SECTION VI.

De la « completio tabellionis » et de l'« absolutio partium ».

Pour en finir avec l'étude des formalités que les tabellions étaient nécessairement tenus d'observer dans la rédaction de leurs actes, il nous faut maintenant parler de la *completio tabellionis* et de l'*absolutio partium*.

« Et si per tabellionem (instrumenta) conscribantur,
« — nous dit la C. 17, *De fide instrumentorum*, —
« etiam ab ipso completa et postremo a partibus abso-
« luta sint. » Aux Instilutes, princip. *De emptione et venditione* (III, 23), nous lisons également : « Et si per
« tebellionem (instrumenta) fiunt (non aliter perfec-
« tam esse venditionem et emptionem constituimus)
« nisi et completiones acceperint, et fuerint a partibus
« absoluta. » Que faut-il entendre par cette *completio* et cette *absolutio* auxquelles Justinien subordonne

la validité de l'acte? De vives controverses se sont
élevées sur ce point entre les commentateurs ; toutefois cette question présente si peu d'intérêt pratique
qu'il nous semble inutile d'entrer dans les détails
de la discussion. L'opinion la plus généralement
admise aujourd'hui et qui, à notre avis, explique
parfaitement les deux textes cités plus haut, voit
dans la *completio tabellionis* une déclaration du
tabellion portant que l'acte émanait bien de lui (1) ;
et dans l'*absolutio partium* une approbation donnée
par les parties aux clauses de l'acte.

Le tabellion était tenu d'écrire lui-même la *completio*. c'est ce qui ressort très clairement de la
Nov. 73, cap. 7, *princip.* La même obligation était
imposée aux parties relativement à l'*absolutio*, mais
il devait arriver fréquemment, à cette époque où
l'écriture était fort peu répandue, que les parties ne
sussent pas écrire ; elles avaient alors recours à un
tabularius « Oportet vero in iis qui literas nesciunt
« tabularios adhiberi, in quibus locis sunt tabularii,
« ut scribant pro illiterato, aut paucas literas sciente, »
nous dit la Nov. 73, cap. 8. On n'a pas oublié en effet
qu'une des principales attributions des *tabularii*
était *pro imperitis literarum scribere aut suscribe-
re.* La Nov. 44, *præfatio*, s'occupe précisément d'un

____

(1) D'après Spangenberg, voici en quels termes étaient
conçus la *completio : «* Ego Severus forensis et scriptor,
« hanc donationem roboratam a testibus, et completam,
« absolvi. » (III, n° 31).

acte dans lequel un *tabularius* était intervenu au lieu et place d'une femme ne sachant pas écrire : « Ex persona quidem mulieris cujus ferebatur docu- « mentum, literas quidem ejus non habens, erat autem « harum ignora, completum autem a tabellione et ta- « bulario, subscriptionem ejus habens, etc. » L'*abso- lutio* des parties devait être suivie de l'apposition de leur cachet (*signum*); « car ils (les Romains)n'usaient pas de seings manuels de leur nom, avec para- phes toujours semblables, ainsi que nous, mais ce qu'ils appelaient *signum* signifiait leur sceau ou cachet (1). » Ce cachet était d'un seul et unique métal ou de plusieurs métaux mêlés ou de plusieurs métaux distincts ; on se contenta d'abord de graver quelques lettres sur la matière même du cachet, plus tard on enchassa dans le métal des pierres précieuses gravées (2).

---

(1) Loyseau, *Du droit des offices*, II, 5.

(2) Voici à ce sujet un assez curieux passage de Ma- crobe : « Veteres non ornatus, sed signandi causa, annu- « lum secum circumferebant. Unde nec plus habere, quam « unum, licebat, nec cuiquam, nisi libero : quos solos fides « deceret, quæ signaculo continetur : ideo jus annulorum « famuli non habebant. Imprimebatur autem sculptura « materiæ annuli, sive ex ferro sive ex auro foret : et ges- « tabatur, ut quisque vellet, quacumque manu, quolibet « digito. Postea, usus luxuriantis ætatis signaturas pre- « tiosis gemmis cæpit insculpere et certatim hæc omnis « imitatio lacessivit, ut de augmento pretii, quo sculpendos « lapides parassent, gloriarentur. » *Saturnales*, VII, 13. — Voy. aussi Sénèque, *De beneficiis*, III, 15, et Plaute, *le Curculion*, II, 3, 355 et 356.

Quant aux témoins on n'exigeait pas l'apposition de leur cachet ; le tabellion se bornait à mentionner leur présence à l'acte : « testium ostendens præsen- « tiam, » nous dit la Nov. 44, *præf.* ; « testium ex « scripto præsentia, » Nov. 73, cap. 5 ; « alii vero « attestentur quia etiam præsentibus eis hæc gesta « sunt, » Nov. 73, cap. 8, etc.

SECTION VII.

De quelques formalités accessoires.

Un mot des ratures (*lituræ, inductiones*) et des surcharges (*superinductiones*). Les ratures faites inconsidérément (*inconsulto*) ne nuisent ni à la vali- dité de l'acte ni à celle du mot rayé pourvu toutefois qu'elles n'empêchent pas de lire ce dernier. Quant aux ratures et aux surcharges faites à dessein (*con- sulto*) elles ont pour effet d'annuler le mot raturé ou surchargé, mais à la condition d'avoir été approuvées par les parties (*lituras, inductiones, superinductiones ipse feci*) (Frag. 1, princip., et § 1, *De his, quæ in testamento delentur* (Dig. XXVIII, 4).

Enfin, lorsque l'acte nécessitait l'emploi de plu- sieurs feuilles un sénatus-consulte avait décidé, « ad- « hibitis testibus ita tabulæ signari, ut in summa « marginis ad mediam partem perforatæ triplici lino « constringantur, atque impositum supra linum « ceræ signa imprimantur, ut exteriores scripturæ « fidem interiori servent. » (Paul, V, 25, § 6) (1).

---

(1) Ce texte de Paul ne fait que confirmer un passage de

CHAPITRE IV.

DE LA FORCE PROBANTE DES ACTES RÉDIGÉS PAR LES TABELLIONS.

Nous venons d'étudier avec quelques détails les différentes formalités imposées aux tabellions par la législation romaine ; demandons-nous maintenant quel nom prenaient leurs actes et quelle était leur force probante.

SECTION PREMIÈRE.

Des « instrumenta publice confecta » ou « forensia ».

Il résulte de nombreux textes notamment de la C. 20, *De fide instrumentorum*, et des Novelles 44 *præfatio*, 49 cap. 2 princip., 73 cap. 5 et 7, etc., que les actes reçus par les tabellions s'appelaient indifféremment *scripturæ forenses, instrumenta* ou *documenta publice confecta, publice celebrata.* Ce mot

---

Suétone, *Vie de Néron*, 17 : « Adversus falsarios tunc pri-« mum repertum, » y lisons-nous, « ne tabulæ, nisi per-« tusæ, ac ter lino per foramina trajecto, obsignarentur. » Le sceau tenant les fils qui passaient par toutes les tablettes, il était complètement impossible dès lors d'en ajouter ou d'en retrancher. — Voy. également Plaute, *les Bacchides*, IV, 4, 758, 759 et 791 ; et les frag. 1, §§ 10 et 11, *De bonorum possessionibus secundum tabulas* (Dig. XXXVII, 11); 3, § 23, *De senatusconsulto Silaniano* (Dig. XXIX, 5).

publice comme le fait remarquer fort justement M. Bonnier (*Traité théorique et pratique des preuves*, II, nº 461 note) est pris ici dans son sens matériel, pour désigner les rédactions faites au Forum, et non dans son sens technique, qui veut dire au nom de l'autorité publique (Institutes, § 8, *De jure naturali, gentium et civili*, I, 2).

Les actes des tabellions ne faisaient pas foi par eux-mêmes *non faciebant probationem probatam, sed tantum probationem probandam*. La Nov. 73, cap. 7, nous le prouve de la manière la plus évidente ; nous y voyons en effet qu'en cas de contestation, on devait recourir tout d'abord à la preuve testimoniale ; on entendait le tabellion et les témoins ; si le tabellion avait abandonné la rédaction de l'acte à l'un de ses clercs, ce dernier devait également être appelé en témoignage. L'acte faisait pleine foi si le tabellion jurait que la *completio* était écrite tout entière de sa main et si les témoins déclaraient, sous la foi du serment, avoir été présents à la rédaction de l'acte. Mais il pouvait arriver que le tabellion ou les témoins fussent dans l'impossibilité de faire cette déclaration ; on recourait alors en dernière ressource à la vérification d'écriture (*comparatio literarum*)(1) ; un expert en écriture nommé par

____

(1) Justinien dans la préface de la Nov. 73 constate avec regret que le nombre des faussaires s'était accru sous son règne dans des proportions considérables : « In his tem- « poribus innumeras invenimus falsitates in judiciis mul-

la justice était chargé d'y procéder. Le demandeur
en vérification et l'expert devaient prêter serment,
le premier « quia non aliam idoneam habens fidem.
« ad collationem instrumentorum venit, nec quic-
« quam circa eam egit aut machinatus est quod
« possit forte veritatem abscondere, » (Nov. 73, cap. 7,
§ 3) ; le second « quod neque lucri causa, neque
« inimicitiis, neque gratia tentus, hujusmodi facit
« comparationem. » (C. 20, *De fide instrumentorum*).
Pour éviter dans la mesure du possible les chances
d'erreur, Justinien décide, dans cette même constitution, que l'expert devra prendre uniquement pour
pièces de comparaison des actes *publice confecta,
publica* ou des actes privés revêtus de la signature
de trois témoins dont deux au moins reconnaissent
leur signature. Du reste la plus grande latitude était
laissée au juge qui n'était nullement lié par le résultat
de l'expertise (1). — La preuve testimoniale ou, à son

« tis, quorum fuimus auditores, et quoddam inopinabile
« ex Armenia nobis exortum est. Oblato namque commu-
« tationis documento, et literis dissimilibus judicatis, quo-
« niam postea inventi sunt ii qui de documento testati
« sunt, subscriptionem subdentes, et eam recognoscentes,
« fidem suscepit documentum, etc. » — On comprend sans
peine que des vérifications d'écritures accomplies dans de
pareilles conditions donnassent lieu à des erreurs nombreuses.

(1) Dans le but de prévenir des demandes en vérification
non fondées, la C. 16, *princip.* et § 2, *De fide instrumentorum*, prononce une amende de quatre-vingts *aurei*
contre qui succombera dans sa demande ; de plus, on ne

défaut, la vérification d'écriture n'étaient pas les seuls moyens auxquels on put recourir pour faire tomber un acte suspect. Les C. 16 et 24, *Ad legem Corneliam de falsis* (Cod. IX, 22) autorisent en effet le *de fide instrumenti quærens* à agir au criminel et à s'inscrire en faux contre l'acte qu'on voudrait lui opposer ; toutefois, remarquons-le, la poursuite criminelle ne suspendait pas l'exécution du titre contesté (C. 2, *eod. tit.*).

Différences entre les « instrumenta privata » (ιδιοχειρα) et les « *instrumenta publice confecta* » (αγοραια). — 1° Les *instrumenta privata* ne faisaient foi de leur contenu qu'à la condition d'avoir été reconnus pour vrais par leur auteur ; les *publice confecta* au contraire faisaient foi tant que leur fausseté n'avait pas été démontrée.

2° La C. 11, *Qui potiores in pignore habeantur*, nous apprend qu'en cas de concours entre deux individus ayant chacun un droit de gage ou d'hypothèque sur le même objet, passera le premier celui ayant son droit constaté dans un *instrumentum publice confectum*, l'*instrumentum privatum* fut-il même antérieur en date.

3° Lorsqu'une femme avait intercédé pour autrui dans un *instrumentum privatum*, « totam obliga-« tionem senatus improbat » dit le frag. 16, § 1, *Ad*

pourra ni opposer l'exception *non numeratæ pecuniæ* s'il s'agit d'un *mutuum*, ni soutenir qu'on n'a pas été réellement payé s'il s'agit d'une quittance.

S.-C. Velleianum (Dig. XVI, 1); dans un *instrumentum publice confectum* « omminodo esse creden-
« dum, » lisons-nous dans la C. 23, princip., *Ad
S.-C. Velleianum* (Cod. IV, 29), « non esse ei ad
« senatusconsulti Velleiani auxilium regressum. »

SECTION II.

Des « instrumenta publica ».

Les *instrumenta publice confecta* ne faisaient donc
pas foi par eux-mêmes et en cas de contestation les
parties étaient obligées de recourir soit à la preuve
testimoniale, soit à une vérification d'écritures ; on
comprend sans peine tout ce que de pareilles preuves
avaient de chanceux et même de dangereux pour
ceux qui se trouvaient dans la nécessité d'y recourir.
Aussi, pour remédier à ces inconvénients, permit-on
de faire transcrire les actes des tabellions sur les
registres public (1); de les faire insinuer *apud acta*,
au moyen de l'accomplissement de cette formalité
ils devenaient authentiques, *testimonium publicum
habebant* (C. 18, *De testamentis* ; C. 6, *De re judicata* ;

---

(1) Les registres publics sur lesquels étaient transcrits
les actes des tabellions sont désignés dans les textes sous
les noms divers d'*acta* (*Fragmenta Vaticana*, n°s 2 6 et 268);
acta municipalia (C. 8 au Code Théodosien, *De donationibus*); *monumenta* (C. 4, *De donationibus causa mortis*,
Cod. VIII, 57); *gesta monumentorum* (Nov. 52, cap. 2;
Nov. 119, cap. 1); *acta monumentorum* (Nov. 127, cap. 2);
acta publica (C. 7, *De defensoribus civitatum*, Cod. I, 55;
Nov. 50 de l'empereur Léon).

C. 30, *De donationibus;* Nov. 49, cap. 2, § 2) et prenaient le nom d'*instrumenta publica* (Nov. 49, et 73).

Ces registres publics étaient déposés dans des archives. — L'existence d'établissements destinés sous une dénomination quelconque à la conservation des actes publics est évidemment une nécessité de tout ordre social. En effet cette conservation est le seul moyen de garantir la durée de ces actes, d'en assurer l'exécution dans la suite des temps, enfin de nouer d'une manière non interrompue la chaîne des principes ou des obligations que le passé lègue au présent ou à l'avenir ou que le présent lègue à l'avenir. Les anciens peuples ont eu leurs archives. Il paraît que dans la Grèce les lieux sacrés recevaient les actes et les titres; le temple de Délos était le dépôt central de toute la Grèce. (Pausanias, *De la Béotie*). A Athènes, le temple de Minerve était consacré aux archives; à Rome, c'étaient les temples de Vesta, d'Apollon et du Capitole. Il résulte du frag. 9, § 6, *De pœnis* (Dig. XLVIII, 19) que l'usage des archives, pour y déposer les titres importants avait continué d'exister sous les empereurs romains. « Solent et sic, ne eo loci « sedeant, quo in publico instrumenta deponantur, « archico forte, vel grammatophylacio ». Dans la C. 30, *De episcopali audientia* (Cod. I, 4), il est question des archives de l'église d'Alexandrie, « in ipsis sanctissi- « mis ecclesiæ archiis deponi gesta sancimus. » Enfin le jurisconsulte Paul nous apprend que les actes privés tels que les testaments devaient être déposés dans les archives publiques, afin qu'on pût y avoir recours au besoin ; « testamentum signo publico « obsignatum in archium redigatur, ut si quando « exemplum ejus interciderit, sit unde peti possit. » (IV, 6, § 1) (1). — Mais c'était seulement dans les plus grandes villes de l'empire qu'il existait des archives. Justinien voulant encourager le dépôt dans ces établissements des *instrumenta publice confecta* sentit la nécessité de les multiplier et en conséquence décida dans la Nov. 15, cap. 5, § 2, que désormais chaque province aurait ses archives spéciales. En même temps il réglementait à nouveau l'organisation intérieure de ces établissements et les subdivisait en quatre sections à la tête de chacune desquelles étaient placés des *juris studiosi*, des *advocati*, des *tabelliones* et des *pragmatici*. Il est permis de penser, quoique nous n'ayons aucun texte sur ce point, que la troisième section était chargée tout spécialement du soin de la garde des actes des tabellions.

C'était devant le *magister census* à Constantinople et dans les provinces devant le *rector provinciæ* (C. 30, *De donationibus*) ou les magistrats municipaux (C. 2, *De magistratibus municipalibus*, Cod. I, 56), que les actes des tabellions devaient être insinués. Sous le règne de Théodose II et de Valentinien III, les *defensores civitatum* établis vers le milieu

---

(1) Dalloz, *Répertoire alphabétique*, v° *Archives publiques*, n°ˢ 3 et 4.

du quatrième siècle pour protéger le peuple contre les vexations des grands (C. 2 au Code Théodosien, *De defensoribus civilatum*, XI, 8), furent également admis à présider aux insinuations (C. 3, *eod. lit.*). Dès lors, dans les provinces, les parties purent s'adresser à leur choix, soit au *rector provinciæ*, soit aux magistrats municipaux, soit aux défenseurs des cités. Mais quel que fut le magistrat qui procédât à l'insinuation, il devait nécessairement être assisté d'un greffier et de trois des principaux de la curie. « Municipalia gesta non aliter fieri volumus, » nous dit la C. 151 au Code Théodosien (*De decurionibus*), « quam trium curialium præsentia, excepto magi- « stratu et exceptore publico.» Voy. aussi la Novelle 23 de Théodose (1). C'était donc devant un véritable tribunal que devait avoir lieu l'insinuation ; et cependant la C. 1, § 10, *De latina libertate tollenda* (Cod. VII, 6) nous dit que l'insinuation avait lieu *quasi in judicii figura*. Comment expliquer ce *quasi?* de la manière suivante : dans les actes con- tradictoires où se rencontrent un juge, un deman- deur et un défendeur il y a *vera judicii figura;* mais dans notre espèce nous trouvons seulement un juge et un demandeur, par suite *quasi judicii figura*. Cette explication est de Loyseau (*Du droit des offices*, II, 5).

Les parties étaient tenues d'apporter elles-mêmes

____

(1) On peut également consulter sur ce point : de Savi- gny, *Histoire du droit romain au moyen-âge*, I, 2, § 29.

au greffier des archives l'original de l'acte à insinuer ; le greffier leur en donnait un reçu ; puis on
procédait à la formalité de l'insinuation. Cujas, dans
son commentaire sur les sentences de Paul, nous
donne, d'après les anciens auteurs, le procès-verbal
d'une des séances de la commission préposée aux
insinuations ; c'est un certain Titius qui demande
l'insinuation d'un testament : « Anno illo, sub die
« illa, civitate illa, adstante defensore et omni curia
« illius civitatis, Titius prosecutor dixit : Peto optime
« defensor, vosque laudabiles curiales atque muni-
« cipes, ut mihi codices (1) publicos patere jubeatis.
« Quædam enim in manibus habeo, quæ gestorum
« cupio allegatione roborari. — Defensor et curiales
« dixerunt : Patent tibi codices publici, prosequere
« quæ optas. — Prosecutor dixit : Gaïus vir illustris
« mihi mandavit, testamentum, ut mos est, gestis
« municipalibus insinuari. — Defensor dixit : Ama-
« nuensis mandatum accipiat et recitet. Post recita-
« tionem mandati defensor dixit : Mandatum quidem
« recitatum est, sed testamentum quod præ manibus
« te habere dicis, etiam nobis præsentibus recitetur,
« et ut postulas, gestis publicis firmetur. — Post
« recitationem testamenti, defensor et curiales
« dixerunt : Testamentum quod recitatum est,
« gestis publicis inferatur. — Prosecutor dixit : Hoc

---

(1) « Plurium tabularum contextus, caudex apud anti-
« quos vocabatur : unde publicæ tabulæ, codices dicuntur. »
(Sénèque, *De brevitate vitæ*, 13).

« amplius peto, optime defensor, ut mihi gesta
« publice edantur. — Defensor et ordo curiæ
« dixerunt : Quia testamentum et mandatum rite
« condita, et bonorum virorum subscriptionibus
« firmata cognovimus, æquum est ut gesta cum a
« nobis fuerint subscripta, et ab amanuensi edita,
« tibi ex more tradantur, eadem in archiis publicis
« conservantur (1). »

Cette insinuation conférait l'authenticité aux actes
des tabellions ; « gesta, quæ sunt translata in publica
« monumenta, habent perpetuam firmitatem, » nous
dit en effet la C. 6, *De re judicata* (Cod. VII, 52). Les
dangers de la preuve testimoniale ou de la vérification d'écriture n'étaient plus dès lors à redouter
par les parties.

Mais devons-nous conclure des expressions souvent
employées par les jurisconsultes romains, en parlant
des actes insinués, de *firmitas perpetua, inconcussa*
que la preuve contraire ne pouvait être admise contre
de tels actes? Si oui, comment expliquer les C. 2, *De
emancipationibus liberorum* (Cod. VIII, 49) et 10,
De donationibus, qui, sans distinguer entre les actes
insinués et les actes non insinués, reconnaissent
dans tous les cas la possibilité de recourir à la

---

(1) Voy. des formules d'insinuation à peu près semblables dans le recueil des *Formulæ Arvernenses*, nos 2, 3 et
4; dans celui de Marculphe, II, nos 37 et 38; dans l'*Ap-
pendix formularum Marculphi*, no 54; dans Sirmond,
no 3, etc.

preuve contraire; si non, que veulent dire alors ces expressions de *firmitas perpetua, inconcussa* dont nous parlions tout à l'heure? Les auteurs sont loin d'être d'accord sur la solution de la question; mais de toutes les explications fournies sur ce point, la plus conforme aux véritables principes juridiques nous paraît être celle qui distingue soigneusement les faits constatés par le préposé aux archives en vertu de ses fonctions de ceux relatés dans l'acte lui-même : à l'égard des premiers, « quorum notitiam « et scientiam habet propriis sensibus, visus et audi-« tus, » (Dumoulin, *Commentaire sur la coutume de Paris*, 1, § 64), la preuve contraire ne sera jamais admise, ou du moins elle ne le sera qu'après inscription de faux; elle le sera toujours, au contraire, à l'égard des seconds et sans avoir besoin de recourir à la procédure en faux, si longue et si périlleuse. Cette distinction, remarquons-le en passant, répond du reste parfaitement au but que se proposaient les empereurs en établissant de tous côté des archives; que voulaient-ils en effet? éviter les chances de perte ou de destruction des actes (C. 27, *De donationibus*), les mettre à l'abri *nequitia et corruptione et falsitatibus* (Nov. 73. cap. 7, § 3) et rien autre chose.

Différence entre les « instrumenta publice confecta » et les « instrumenta publica » (δημοσια). — 1° Les *instrumenta publica* faisaient pleine foi par eux-mêmes; les *instrumenta publice confecta*, au contraire, avaient besoin pour faire pleine foi, d'être corroborés par la preuve testimoniale ou par la vérification d'écritures.

2° Les *instrumenta publica* faisaient foi jusqu'à inscription de faux, malgré la preuve contraire ; les *publice confecta*, pouvaient être infirmés par la preuve contraire.

Maintenant que nous connaissons les différences caractéristiques séparant les *instrumenta publice confecta* des *instrumenta privata* d'une part et des *instrumenta publica* d'une autre, nous comprendrons mieux pourquoi Doneau (*Commentarii de jure civili*, XXV, 8) appelait *media* les actes des tabellions. Les *instrumenta publice confecta* occupent en effet une situation intermédiaire entre les *instrumenta privata* et les *instrumenta publica* ayant une force probante plus grande que ceux-ci (C. 11, *Qui potiores in pignore habeantur*) et moins grande que ceux-là (C. 31, *De donationibus*).

CHAPITRE V.

DES DIVERSES PÉNALITÉS QUE POUVAIENT ENCOURIR LES TABELLIONS.

Plusieurs constitutions impériales avaient interdit aux tabellions, sous des peines très sévères, de passer certains actes ; des dispositions furent également prises dans le but de réprimer les faux qu'ils pourraient commettre ; enfin, les Novelles de Justinien pour assurer l'exécution de leurs dispositions, prononcèrent aussi certaines peines contre les tabellions qui ne s'y conformeraient pas.

La C. 2, *De eunuchis* (Cod. IV, 42) menaçait de la peine de mort le tabellion qui prêterait son ministère à une vente d'eunuques.

La C. 14, § 3, *De sacrosanctis ecclesiis* (Cod. 1, 2) punissait d'un exil perpétuel le tabellion qui passerait une vente de biens ecclésiastiques.

La C. 1, *Ut nemo ad suum patrocinium* (Cod. XI, 53) prononçait la confiscation des biens du tabellion qui aurait reçu un acte de patronage concernant des paysans ou leurs villages.

La C. 29, *De testamentis*, déclare coupable de faux le tabellion qui, rédigeant un testament, omettrait frauduleusement les formalités nécessaires à sa validité. Cette disposition doit être généralisée comme nous le prouvent les Institutes, § 7, *De publicis judi-*

ciis (IV, 18) : « Item lex Cornelia de falsis, quæ
« etiam testamentaria vocatur, pœnam irrogat ei qui
« testamentum vel aliud instrumentum falsum
« scripserit, signaverit, recitaverit, subjecerit; quive
« signum adulterinum fecerit, sculpserit, expresserit
« sciens dolo malo. » — La peine prononcée par la
loi *Cornelia de falsis* était la déportation dans une
île (Voyez Paul, V, 25, §§ 1 et 4; frag. 1, § 5 et
frag. 2, *De lege Cornelia de falsis* (Dig. XLVIII, 10).

Un tabellion pouvait être privé de son office :
1° lorsque, contrairement aux prescriptions de la
Nov. 44, il n'avait pas assisté à la rédaction de l'acte
et écrit de sa main la *completio* (Cap. 1, § 1);
2° lorsqu'un autre que lui ou son substitut avait délivré l'acte aux parties (§ 4).

Enfin, certaines peines moins importantes pouvaient encore être prononcées contre les tabellions,
notamment l'exclusion du Forum (Frag. 9, § 4, *De
pœnis*); une amende de vingt livres d'or en cas de
présentation à un fonctionnaire incompétent d'un acte
à insinuer (C. 32, *De donationibus*), etc.

CHAPITRE VI.

DE LA RESPONSABILITÉ CIVILE DES TABELLIONS.

Les formalités imposées par la législation romaine à l'observation des tabellions nous sont maintenant suffisamment connues. Comme complément à cette étude, il ne sera pas, croyons-nous, sans intérêt de rechercher rapidement, à l'aide des principes généraux des Instituts et du Digeste, à défaut de textes particuliers sur ce point (1), comment et dans quelle circonstance, des parties ayant eu à souffrir du dol ou de la faute d'un tabellion pouvaient recourir contre lui en dommages-intérêts; c'est donc la responsabilité civile des tabellions qui va nous occuper quelques instants.

Tout d'adord précisons bien ce qu'il faut entendre par ces mots dol et faute. Le dol (*dolus*) est toute

____

(1) La C. 6, *De magistratibus conveniendis* (Cod. V, 75), ne saurait en effet s'appliquer aux tabellions, quoi qu'en disent certains auteurs. Il est uniquement question dans ce texte d'un scribe, un *tabularius* probablement, qui, ayant dressé l'inventaire des biens d'un mineur *cum negligentia vel dolo*, se voit actionné en dommages-intérêts. Le frag. 7, § 4, *Si mensor falsum modum dixerit* (Dig. XI, 6), vient encore nous confirmer dans cet opinion. « Ego « etiam, » dit Ulpien dans ce fragment, « adversus tabula-« rium puto actiones dandas, qui in computatione fefellit; » c'est absolument la même hypothèse qui est prévue dans la constitution citée plus haut.

manœuvre intentionnelle dont le but atteint est de causer un préjudice, il ne peut pas en effet y avoir de dol sans intention ; il faut de plus que le but soit atteint, parce que le dol n'est punissable qu'en cas de réalisation. — La faute (*culpa*), au contraire, est tout manquement à un devoir ou à une obligation même sans intention de nuire.

On est toujours tenu de supporter les conséquences de son dol (Frag. 23, *De regulis juris*) ; alors même qu'à l'avance on aurait convenu le contraire (Frag. 27, § 3, *De pactis*, Dig. II, 14). — Les tabellions ne devaient pas échapper à cette règle générale.

Quant à la faute, les jurisconsultes romain en distinguaient deux espèces, la faute lourde (*culpa lata, latior*, ou *magna*) et la faute légère (*culpa levis* ou *levior*); la faute légère à son tour se subdivisait en *culpa levis in abstracto* et *culpa levis in concreto*. La faute lourde est celle qui consiste à ne pas voir ou à ne pas prévenir ce que tout le monde eut vu ou prévenu, *non intelligere quod onmes intelligunt* (Frag. 213, § 2, et 223 princip., *De verborum significatione*, Dig. L, 16); elle est complètement assimilée au dol, quant à la responsabilité, *magna culpa dolus est*, dit le frag. 226, *eod. tit.* — Les tabellions, sans nul doute, en étaient donc encore tenus.

La faute légère *in abstracto* est celle dans laquelle on compare l'auteur de la faute au type abstrait du bon père de famille (Frag. 18, princip., *Commodati vel contra* (Dig. XIII, 6); frag. 25, § 7, *Locati conducti*; frag. 134, *De obligationibus et actionibus*, Dig. XLIV, 7); la faute légère *in concreto* est celle que ne commettrait pas un père de famille ordinaire dans l'administration de ses propres affaires (Frag. 72, *Pro socio* (Dig. XXVII, 2); frag. 1, princip., *De tutelæ et rationibus distrahendis* (Dig. XXVII, 3). — Les tabellions étaient-ils responsables de leurs fautes légères *in abstracto* ou seulement *in concreto ?* Si nous appliquions rigoureusement les principes, il semble bien qu'ils dussent être tenus même de leurs fautes légères *in abstracto* ; lorsqu'en effet, et tel est bien notre cas, une opération intervient dans l'intérêt réciproque des deux parties, les jurisconsultes romains apprécient la faute d'une manière absolue (Frag. 5, § 2, *Commodati vel contra*; frag. 103, § 12, *De legatis* 1°, Dig. XXX). Nous ne croyons pas néanmoins que la responsabilité des tabellions ait jamais été aussi étendue; nous trouvons en effet fréquemment dans les textes que celui qui a confié à un individu négligent le soin de ses intérêts ne doit s'en prendre qu'à lui-même des pertes occasionnées par le peu de diligence de son mandataire (Frag. 1, § 1, *Si mensor falsum modum dixerit*); cette doctrine n'est-elle pas parfaitement applicable aux tabellions, à Rome surtout, où leur ministère a toujours été facultatif pour les parties (1) ?

---

(1) Cependant, lorsqu'une femme voulait cautionner un tiers, un *instrumentum publice confectum* était indispensable (L. 23, § 2, *Ad senatusconsultum Velleianum*); mais

Les tabellions n'étaient pas seulement appelés à passer des actes; jouissant dans la société romaine d'une grande réputation de science et de probité, *homines fidei probæ et juris periti*, ils devaient être souvent appelés par la nature même de leurs fonctions à éclairer et à conseiller leurs clients. Demandons-nous donc quelles conséquences pouvaient avoir ces conseils au point de vue de leur responsabilité. Le principe général à cet égard se trouve formulé par Ulpien dans le frag. 47, princip., *De regulis juris* de la manière suivante. « Consilii non frau-« dulenti nulla obligatio est : ceterum si dolus, et cal-« liditas intercessit, de dolo actio competit. » — Nous examinerons successivement chacune de ces deux propositions.

Consilii non fraudulenti nulla obligatio est. — Pour bien comprendre la portée de cette règle, il importe de distinguer avec soin le *consilium* proprement dit du *mandatum pecuniæ credendæ.* Supposons avec les Instituts (§ 6, *De mandato*, III, 26) et le Digeste (Frag. 2, § 6, *Mandati vel contra*, XVII, 1) qu'ayant de l'argent sans emploi j'aille consulter un tabellion au sujet d'un placement; ce dernier me conseille d'en acheter des immeubles plutôt que de le prêter à intérêts ou réciproquement. C'est là un conseil proprement dit, qui ne saurait par conséquent engager en aucune

---

ce cas est le seul où le ministère des tabellions fut obligatoire en droit romain.

façon la responsabilité de son auteur, car comme le fait remarquer fort justement notre texte, « nemo ex « consilio obligatur, etiamsi non expediat ei cui da- « bitur, cum liberum cuique sit apud se explorare an « expediat consilium. » Mais si au lieu de me conseiller un prêt à intérêts ou un achat d'immeubles en général, le tabellion m'avait engagé à prêter mon argent à un individu déterminé, à Titius par exemple (Frag. 6, § 4, *Mandati vel contra*), ce ne serait plus alors un conseil proprement dit mais bien un *mandatum pecuniæ credendæ*. Le tabellion devrait-il être responsable au cas où l'individu en question se trouverait, à l'échéance, dans l'impossibilité de me rembourser la somme prêtée ? La négative avait été soutenue ; on finit cependant par se ranger à l'opinion du jurisconsulte Sabinus qui considérait le tabellion comme responsable et le mandat comme obligatoire : « Hic enim « velut adfirmator fuit et suasor, ut cum Titio con- « traherer. » (Frag. 13 princip., *De minoribus viginti quinque annis*, Dig. IV, 4) ; et bien certainement « non aliter Titio credidissem, quam si mihi manda- « tum esset. » (Gaius, III, § 156 ; Institutes, § 6, *in fine, De mandato*).

Ceterum si dolus, et calliditas intercessit, de dolo actio competit. — Nous avons supposé jusqu'à présent que le tabellion était de bonne foi ; s'il en était autrement, si, par exemple, sachant un individu bien au-dessous de ses affaires, il n'en vantait pas moins sa solvabilité et engageait à lui prêter de l'argent, la

partie trompée par ses conseils pourrait évidemment
intenter contre lui une action de dol ; c'est ce que
nous dit le frag. 8, *De dolo malo* : « Quod si, cum
« scires eum facultatibus labi, tui lucri gratia adfir-
« masti mihi idoneum esse; merito adversus te, cum
« mei decipiendi gratia alium falso laudasti, de dolo
« judicium dandum est. » (Voy. encore le frag. 9,
§ 1, *eod. tit.*).

DU

NOTARIAT DANS L'ANCIENNE LÉGISLATION FRANÇAISE

Avant d'entreprendre l'étude de la responsabilité civile des notaires telle qu'elle a été établie par la loi du 25 ventôse an XI, nous allons, pour ne pas passer sans transition du sixième siècle de notre ère au commencement du dix-neuvième, donner quelques détails sur le notariat français pendant cette longue période. Nous commencerons par une étude rapide de la preuve littérale dans le droit celtique et dans le droit germanique.

CHAPITRE PREMIER.

DE LA PREUVE LITTÉRALE AVANT L'ÉTABLISSEMENT DU NOTARIAT EN FRANCE.

SECTION PREMIÈRE.

De la preuve littérale dans le droit celtique.

Nous ne connaissons guère le droit de l'ancienne Gaule, de la Gaule des Druides, que par César et quelques auteurs de l'antiquité; quant aux monuments originaux du droit celtique, il n'en existe aucun, et cela pour la bonne raison que la pratique de l'écriture était complètement inconnue des Gaulois. Cependant leurs relations avec Marseille finirent par leur faire adopter l'usage de l'écriture grecque pour la rédaction de leurs actes publics et même de leurs conventions privées (1). (César, *Commentarii de bello gallico*, VI, 14; Strabon, *Géographie*, IV, 1. n° 5). Mais c'est à ces passages, fort courts d'ailleurs, de ces deux écrivains que se réduit tout ce que nous savons au sujet de la preuve littérale dans le droit celtique.

SECTION II.

De la preuve littérale dans le droit germanique.

La preuve littérale n'était pas admise dans le vieux droit germanique; ainsi la Loi salique n'en parle pas une seule fois alors qu'elle consacre deux titres à la preuve testimoniale (titre 50, *De falso testimonio*; titre 51, *De testibus adhibendis*). L'influence de l'église et du droit romain firent admettre l'écriture comme mode de preuve dans la loi des Francs Ripuaires, où nous voyons la rédaction d'un écrit exigée pour les conventions matrimoniales (titre 37.

---

(1) Remarquons qu'à l'époque où nous sommes, le grec tendait de plus en plus à devenir la langue universelle : « Græca leguntur in omnibus fere gentibus, latina suis « finibus, exiguis sane, continentur », disait Cicéron, *Pro Archia poeta*, 10.

De dotibus mulierum), les affranchissements (titre 58,
De tabulariis), et les transmissions de propriété à
titre onéreux (titre 59, *De venditionibus*). Ce dernier
titre mérite de fixer notre attention; en voici le
résumé : lorsqu'une vente avait eu lieu, les deux
parties devaient se présenter devant le *mâl* et là faire
dresser publiquement l'acte constatant la remise de
la chose et le paiement du prix par un *cancellarius*
en présence de sept ou douze témoins, suivant l'importance de la vente; ces témoins et le chancelier
étaient tenus, si plus tard l'acte était attaqué, d'en
affirmer par serment la sincérité. La procédure en
faux est réglée minutieusement par la suite du titre;
le chancelier convaincu de faux devait être condamné
à son choix à avoir le pouce de la main droite coupé
ou à payer une composition de cinquante solidi, chacun des témoins à quinze solidi; si le contrat attaqué
était au contraire maintenu, le demandeur en faux
était forcé de payer le double de la valeur de la chose
en litige et en outre quinze solidi à chacun des
témoins. — Comme le fait remarquer M. Pardessus
dans son édition de la Loi salique, l'acte rédigé par
un *cancellarius* était moins ce que nous appelons un
acte probant qu'une sorte de *memorandum* servant
à retrouver les témoins et à leur rappeler ce qu'ils
avaient vu et entendu.

Quelles étaient maintenant les principales formes
prescrites pour la validité de ces actes? La loi des
Bavarois (titre 15, n° 12) et surtout la loi des Alle-

mands (titre 1er, § 1, et titre 43), vont nous les indiquer : tout acte doit mentionner d'abord l'année et le jour de sa rédaction ; être fait en présence d'un certain nombre de témoins ; enfin, être signé du *cancellarius* et de tous les témoins. C'est à ces quelques formalités que se bornent les règles concernant la rédaction des actes dans le droit germanique.

L'écriture, considérée comme mode de preuve, prit une grande importance dans les siècles suivants ; les recueils de chartes et de formules nous la montrent, en effet, employée à constater toutes les conventions, tous les contrats ; il semble même qu'elle soit nécessaire pour la validité de certains actes, les constitutions de dot, les donations entre époux, les ventes. — Dans les lois lombardes il est souvent question de *scribæ*, de *cancellarii*, d'actes rédigés par écrit (*Edictum Rotharis* n° 247 ; *Luitprandi leges*, VI, n° 90). Les capitulaires de Charlemagne et de Louis-le-Pieux (VI, cap. 148 et 149), déclarent uniquement valables les conventions ayant date certaine, « scrip-« turæ quæ diem et annum habuerint evidenter ex-« pressum », rédigées d'ailleurs conformément aux lois et revêtues des sceaux ou signatures des parties et des témoins.

CHAPITRE II.

DES ORIGINES DU NOTARIAT FRANÇAIS.

On ne peut guère faire remonter au-delà des premières années du XIIᵉ siècle, l'origine du notariat français. Avant cette époque sans doute on mentionne souvent l'existence de notaires (1); mais ces notaires sont simplement des secrétaires, des greffiers, sans aucun caractère public et leurs fonctions n'ont aucune analogie avec celles des notaires ou tabellions des siècles suivants; nous n'y insisterons pas autrement, préférant réserver nos recherches pour le notariat du XIIIᵉ siècle. Nous étudierons

---

(1) Le plus ancien document, à notre connaissance du moins, où il soit parlé de ces notaires, est la quatrième formule de l'*Arvernie*; il y est question d'un notaire attaché à une curie qui lit devant les membres de cette dernière un acte présenté à l'insinuation; cette formule date du premier quart du cinquième siècle, de l'année 407 ou 422. — Nous retrouvons au siècle suivant des notaires dans la préface de la loi des Bourguignons; dans l'*Historia Francorum* de Grégoire de Tours (IX, 26). — Vers le milieu du septième siècle, les formules du moine Marculphe (II, 8, nᵒ 17) nous en parlent également; de même, au commencement du neuvième, deux capitulaires de Charlemagne (*capitulare tertium anni* 803 et *primum anni* 805); enfin, dans les siècles suivants et jusqu'à la fin du douzième, de nombreuses chartes nous montrent des notaires employés de la chancellerie épiscopale. Voy. notamment à ce sujet : Paul Fournier, *Les officialités au moyen-âge*, VI, § 1.

successivement dans trois sections : le notariat dans
le midi de la France ; dans le nord et le centre de la
France ; devant les juridictions ecclésiastiques.

SECTION PREMIÈRE.

Du notariat dans le midi de la France au XIIIe siècle.

Le droit de Justinien et en particulier ses Novelles
ou plutôt l'*Epitome Novellarum* de Julien se ré-
pandit et fut enseigné de bonne heure dans le midi
de la France ; or, comme nous le savons déjà, c'est
précisément dans les Novelles que se trouvent réglé-
mentés les actes et la profession des tabellions ; dès
lors rien d'étonnant à ce que nous rencontrions dans
le notariat de cette époque et de ces contrées de
nombreuses règles inspirées par le souvenir de la
législation romaine. C'est surtout en Provence.
dans les statuts ou lois municipales de ses différentes villes, Marseille, Arles, Apt, etc., que nous
trouvons d'intéressants détails sur les notaires ; il est
même curieux de constater que nombre de ces dispositions sont passées dans notre droit moderne. Ainsi
les statuts de Marseille après avoir déterminé l'objet
des fonctions notariales passent à la rédaction des
actes notariés ; ces actes doivent être écrits sans
abréviations ni ratures, énoncer les noms, prénoms
et professions des parties, être datés et signés du
notaire. On recommande en même temps aux notaires d'écrire de leur propre main, sur des registres

spéciaux, appelés cartulaires, tous les actes par eux reçus ; ces cartulaires doivent être tenus et conservés avec le plus grand soin et ne peuvent être communiqués à d'autres qu'aux parties intéressées. Des formalités spéciales sont prescrites pour la rédaction des testaments. Enfin, on règle le tarif de tous les actes (I, 27, 28). Pour pouvoir être notaire, il fallait remplir certaines conditions énumérées dans le statut de Charles II, comte de Provence, de 1296. — Les statuts d'Aix (1280), de Salon (1293), et surtout ceux d'Arles (1162-1202) s'occupent également des notaires ; dans cette dernière ville les notaires sont chargés *facere chartas in forma publica*; l'acte doit être rédigé tout entier en présence des parties à moins que ces dernières ne consentent à ce qu'il en soit autrement (art. 65 des statuts), etc. (1).

Dans le Languedoc nous trouvons des notaires, à Montpellier, à Alais, à Carcassonne, à Toulouse. Les notaires de Toulouse avaient le droit d'instrumenter *ubique terrarum*, ce qui doit s'entendre non pas « de passer actes et contracts par tout le monde », comme le prétendirent longtemps les notaires de cette ville, mais *ubique terrarum comitatus Tolosæ;*

---

(1) On peut consulter à ce sujet, outre l'*Essai sur le droit français au moyen-âge*, de M. Giraud, un article de M. de Fresquet publié dans la *Revue de législation ancienne et moderne, française et étrangère*, année 1870 : *De la preuve testimoniale et littérale en Provence aux XIIIe et XIVe siècles.*

terra, dans la langue féodale, signifiant le territoire d'une seigneurie (1). Les *Coutumes de Toulouse* (1285), (Première partie, titre 18) s'occupent de la foi dûe aux actes publics ; l'art. 1ᵉʳ abroge la C. 14, *De non numerata pecunia*, et décide qu'un *instrumentum publicum* constatant la numération des espèces fait pleine foi, même malgré la dénégation du débiteur ; peu importe que la cause de l'obligation soit ou non énoncée (art. 2). Les copies faites par un notaire public d'un acte notarié font foi comme l'acte lui-même.

SECTION II.

Du Notariat dans le nord et le centre de la France au XIIIᵉ siècle.

Nous ne retrouverons pas, à beaucoup près, le notariat aussi bien organisé dans les pays de coutume que dans les pays de droit écrit ; l'influence du droit romain, en effet, influence à laquelle nous avons dû attribuer pour une large part la création des notaires en Languedoc et en Provence, n'eut pas dans le nord de la France la même persistance que dans le midi. Le *Conseil* de de Fontaines, les *Etablissements de Saint-Louis* ne parlent pas une seule fois de l'écriture comme mode de preuve ; mais les *Cou-*

---

(1) *Du ressort des anciens notaires de Toulouse,* par M. Fons (*Recueil de l'Académie de législation de Toulouse,* année 1865).

tumes de Beauvaisis de Beaumanoir consacrent tout
un chapitre, le chapitre 35, à la preuve littérale.
Nous n'avons pas à entrer dans les détails donnés
par Beaumanoir à ce sujet, mais nous devons cependant dire un mot des « lettres de baillie » dont il
s'occupe au § 23, et qui, à bien des égards, peuvent être comparées aux actes notariés. Lorsque deux
parties étaient d'accord sur une convention, vente,
échange, etc., et qu'elles voulaient faire dresser acte
de leurs convenances, elles s'adressaient au bailli de
leur localité, lui faisaient part de leurs intentions et
le requéraient de les rédiger par écrit. Voici en
quelle forme étaient conçues ces lettres de baillie ;
Beaumanoir qui était, comme on le sait, bailli de
Clermont-en-Beauvoisis, se met lui-même en scène :
« A toz ceus qui ces présentes lettres verront ou
orront, Phelippes de Biaumanoir, baillis de Clermont,
salut. Sacent tuis, que en nostre présence, por ce
establis, Pierres, de tel lieu, et Jehans, de tel lieu,
reconnurent en droit que il, de lor bone volenté et
por lor porfit, avoient fet tel escange », et puis doit
estre li escanges devisés et toutes les pièces espé-
cifiées… et puis doit estre mise le date pour savoir le
tans que ce fut fet. » Les lettres de baillie avaient la
force probante et la force exécutoire des actes publics ;
elles présentaient donc tous les avantages des actes
notariés.

L'ancien coutumier d'Artois, chap. 20, s'occupe
également des instruments publics ; il considère

comme tels les actes écrits par la main de notaire ou
tabellion, ce qui nous prouve à cette époque l'existence des notaires dans l'Artois; mais on connaissait
en même temps les « actes chirographes » par devant
échevins, tout-à-fait semblables aux lettres de baillie
de Beauvoisis. Ces deux modes de preuve existaient
donc en concours.

*Les Assises de la Cour des Bourgeois du royaume
de Jérusalem*, chap. 122, nous parlent d'actes rédigés
par « l'escrivain de la court ». La Cour des bourgeois
établie par les Croisés à Jérusalem était composée
de douze jurés présidés par le vicomte; les parties se
présentaient devant la cour et l'écrivain, le greffier
de la cour, constatait leurs conventions; l'acte ainsi
rédigé était exécutoire dans tout le royaume de Jérusalem.

Comme on peut le constater par cette rapide énumération des principaux coutumiers du XIIIᵉ siècle,
la juridiction volontaire et la juridiction contentieuse
se trouvaient réunies dans les mêmes mains. Saint-
Louis en 1270 essaya le premier de séparer le notariat du greffe en créant soixante notaires au Châtelet de Paris; investis du privilège de recevoir seuls
les actes de la juridiction volontaire dans toute
l'étendue de la prévôté et vicomté de Paris, ils furent
soumis à l'observation de certaines formalités : ainsi
c'était au Châtelet seulement qu'ils pouvaient instrumenter; des bancs, dont plusieurs étaient ornés de
magnifiques sculptures, leur étaient spécialement

affectés dans la grande salle, — tous leurs actes devaient porter en tête le nom du prévôt de Paris; — ils devaient toujours être deux pour recevoir un acte, étaient tenus en outre de le faire sceller par un individu à ce commis, etc. — Mais cette réforme fut toute locale et ne s'étendit pas au-delà de Paris; dans les provinces, les juges nommés par les seigneurs et leurs greffiers continuèrent comme par le passé à recevoir les actes de la juridiction volontaire.

SECTION III.

Des notaires devant les juridictions ecclésiastiques au XIIIe siècle.

Auprès des cours ecclésiastiques, il existait des notaires chargés à la fois de rédiger les actes de procédure et les actes de juridiction volontaire (1); on les considérait comme des fonctionnaires publics. Tancrède de Bologne (*Ordo judiciarius*, Partie 3e, titre 13, *De exhibitione instrumentorum et fide ipsorum*, § 2), consacre quelques mots à ces notaires. Après nous avoir dit qu'il y a deux sortes d'actes, les actes publics et les actes privés, et défini l'acte public *instrumentum quod publicam habet auctoritatem*, il met au premier rang parmi eux les actes écrits *per manum publicam, id est per manum notarii publici, hoc est tabellionis, et in publica*

---

(1) Sur les origines de ces notaires, voir Martigny, *Dictionnaire des antiquités chrétiennes*, v° *Notarii*.

forma redactum. — Tancrède se demande ensuite si les actes notariés doivent l'emporter sur la preuve testimoniale ou si au contraire on ne doit pas avoir plus de confiance en cette dernière; il faut suivant lui distinguer : s'agit-il d'un acte déjà ancien ou renfermant plusieurs clauses, (*mullos articulos continens*), l'acte doit être cru de préférence aux témoins; l'acte est-il au contraire récent ou simple, en pareille circonstance dit Tancrède, la *vox viva* doit l'emporter sur la *vox mortua* (tunc magis credendum est vivæ voci quam mortuæ) (§ 6).

Les actes rédigés par les notaires ecclésiastiques faisaient seulement demi-preuve devant les juridictions laïques, sauf cependant dans les matières purement spirituelles ou encore lorsqu'ils étaient confirmés par deux témoins; ils faisaient preuve complète devant les juridictions ecclésiastiques. Ils n'avaient pas la force exécutoire.

CHAPITRE III.

DES PROGRÈS DU NOTARIAT AUX XIVe ET XVe SIÈCLES.

Le notariat commence à prendre une grande importance au XIVe siècle ; à cette époque le duel judiciaire tend de plus en plus à disparaître des mœurs ; d'autre part l'écriture est encore bien peu répandue et par suite les actes sous seing privé sont assez rares ; de là la nécessité de recourir à un notaire pour faire constater ses conventions. Aussi ne serons-nous pas étonné de trouver maintenant des notaires auprès de toutes les juridictions laïques ; il fallut réglementer avec plus de soin qu'on ne l'avait fait jusqu'alors la preuve au moyen d'actes notariés ; et de là plusieurs ordonnances importantes.

SECTION PREMIÈRE.

Principales ordonnances rendues au XIVe et XVe siècles sur le notariat.

Le véritable code du notariat à cette époque, c'est la célèbre ordonnance du mois de juillet 1304, connue sous le nom d'Ordonnance d'Amiens ; cette ordonnance dans laquelle on trouve en germe la plupart des dispositions de notre loi de ventôse, mérite d'être étudiée avec quelques soins (1).

---

(1) Le texte complet de cette ordonnance est rapporté par Isambert, *Recueil général des anciennes lois françaises*, tome II.

La confection des actes notariés est réglée minutieusement dans tous ses détails : ils doivent être écrits
sur du bon papier avec une marge suffisante ; les
lignes doivent être assez rapprochées pour qu'il soit
impossible d'écrire dans l'intervalle et aucune place
ne doit être laissée en blanc. L'acte doit être rédigé
d'une manière intelligible et sans abréviation. Au
commencement on doit énoncer l'année et le jour de
la passation, le nom du souverain, celui des témoins
et du notaire rédacteur, le lieu où l'acte a été rédigé,
enfin le nom des parties ; puis vient la teneur du contrat. Les notaires ne peuvent instrumenter qu'en des
endroits et en des lieux non suspects, en présence de
témoins connus et dignes de foi ; ils ne peuvent également recevoir que des conventions licites et doivent
s'abstenir de prêter leur ministère à des engagements condamnés par le droit ou la coutume ; en cas
de doute sur la validité d'un contrat, s'adresser au
juge du lieu. Tous les actes doivent être transcrits et
mis au net sur des cartulaires, non pas toutefois
avant d'avoir été au préalable soumis aux parties ;
ces cartulaires doivent être conservés avec le plus
grand soin et en cas d'absence du notaire être trans-
portés chez le sénéchal, le vicaire ou le juge du
lieu (art. 1 à 11). — L'ordonnance s'occupe ensuite
des avertissements à donner aux parties relativement à tel ou tel point du droit inconnu d'elles ;
ainsi les notaires doivent expliquer aux femmes voulant renoncer au bénéfice du sénatusconsulte Vel-

léien ou à la loi *Julia de fundo dotali*, la portée et les conséquences de cette renonciation (art. 16). — Passant aux conditions requises pour pouvoir être notaire, l'ordonnance décide qu'il faudra jouir d'une réputation irréprochable et de plus avoir été jugé habile et capable à exercer cet emploi ; défense est faite d'exercer cumulativement les fonctions de notaire et celle de *carnifex* ou de *barbitonsor*. Pour permettre à tout le monde de se renseigner sur la foi dûe à un acte notarié, chaque notaire est tenu d'inscrire son nom et d'apposer sa signature sur un registre à ce destiné, tant à la Cour du roi qu'à la sénéchaussée de sa résidence ; il leur est enjoint également de n'instrumenter que dans leur résidence à moins d'une réquisition formelle des parties (1). Enfin l'ordonnance termine en permettant aux notaires de faire écrire *per substitutos* leurs actes, mais à leurs risques et périls, (*ipsius notarii periculo*), à la condition toutefois qu'ils seront toujours signés par le notaire lui-même (art. 17 à 27).

Saint Louis, nous le savons, avait créé soixante notaires au Châtelet de Paris ; sous son successeur, Philippe le Hardi, le nombre de ces officiers s'augmenta dans de telles proportions qu'à l'avènement

---

(1) Un arrêt de la cour du roi Philippe V, en date du 20 mai 1318, rapporté aux *Olim* (tome III, 2ᵉ partie, nº 56), condamna un notaire convaincu « fecisse quamplurima « instrumenta extra territorium et juridicionem dicti loci, « in quinquaginta libris Turonensibus et in privacione cu- « juscumque officii tabellionatus. »

au trône de Philippe le Bel en 1285 on en comptait cent dix-sept; le nouveau roi prit une mesure énergique et en 1300 ramena leur nombre à soixante. Cette vigoureuse initiative fit beaucoup crier les « expulsés » comme on les appela ; quand aux « conservés » ils n'eurent pas longtemps à se réjouir : au mois de février 1320, une ordonnance de Philippe le Long vint leur imposer l'obligation de verser chaque semaine, à titre de droits de sceau, un quart des produits de leur charge entre les mains du scelleur « personne publique et moult notable » disent nos anciens auteurs. Une pareille mesure, on devait s'y attendre, provoqua de vives réclamations de la part des intéressés; ne les plaignons pas trop cependant : les offices de notaire étant alors gratuits, ce quart prélevé sur leurs bénéfices était en somme un impôt parfaitement justifié.

Par une étrange prérogative, alors que les notaires de France étaient obligés en vertu de l'ordonnance de 1304, de conserver les minutes de leurs actes dans des cartulaires ou registres, les notaires de Paris avaient été dispensés de l'accomplissement de cette formalité; les inconvénients d'un pareil état de choses amenèrent l'ordonnance du 1er décembre 1437. Cette ordonnance prescrivit aux notaires du Châtelet de Paris de garder et retenir secrètement, c'est-à-dire de ne communiquer à personne sans ordre de justice, par devers eux registres et protocoles, sur lesquels ils devaient écrire et enregistrer tous leurs actes. Ces registres et protocoles devaient à la mort du titulaire de l'office être transmis à son successeur : le tout « sous peine de privation de leurs offices, d'amende arbitraire, et de dédommager les parties qui par leurs fautes ne pourroient recouvrer leurs lettres nonobstant quelconque usage qu'ils ayent au contraire. »

Quelques années avant cette ordonnance, le 26 juillet 1433 avait été rendu un édit assez important et dont nous devons dire quelques mots ; cet édit a pour objet principal d'instituer un tabellionnage par chastellenie avec dépôt des registres et protocoles, mais accessoirement il règle divers autres points. D'abord nous y voyons pour la première fois les fonctions de notaire et de tabellion devenir complétement distinctes ; jusqu'à présent on avait employé indifféremment ces deux mots pour désigner la même personne ; à partir de cet édit le tabellion est chargé de délivrer la grosse de la minute rédigée par le notaire. Les offices de notaire et de tabellion sont mis à ferme. Un tabellionnage est institué dans chaque chatellenie, et à ce tabellionnage sont attachés un certain nombre de notaires experts et de bonne science ; ces notaires sont tenus d'inscrire sur des registres tous les actes par eux reçus. Ces registres doivent être apportés au tabellion « chacun quarteron d'an », et rester sous sa garde : à sa mort, on les remet au garde-scel ou à toute autre personne à ce désignée par le juge de l'endroit. Cet édit concernait uniquement les notaires de province.

SECTION II.

Dn notariat aux XIVᵉ et XVᵉ siècles d'après les coutumiers du temps.

Les *Décisions* de messire Jean des Mares consacrent quelques lignes aux notaires : la décision nº 23 porte « que lettres passées devant notaires ne sont d'aucune efficace, si la cédule faite sur le contrat n'est relue aux parties » ; la décision nº 305 s'occupe des secondes grosses : un notaire ne peut délivrer une seconde grosse que *judicis auctoritate et consensu partis adversæ.*

La *Somme rurale* de Bouteiller (I, titre 107) s'occupe des lettres, chartres, instrumens et autres munimens en preuve ; parmi les lettres, elle place au premier rang les « lettres faites par devant notaire ou tabellion publiques et signées de son seing manuel en présence de témoins à ce appelez ; » — dans le deuxième livre, tout un titre, le titre 10 est consacré aux tabellions et notaires.

Le *Coutumier de France*, plus connu sous le nom de *Grand Coutumier de Charle VI*, nous parle particulièrement des notaires du Châtelet de Paris : « Item, il y a encore audit Châtellet, soixante notaires lesquels et chascun d'eulx peuvent faire et escrire toutes manières de traités, promesses, convenances, obligations, quictances et toutes aultres lettres et briefs (1) qui sont faicts et signés de leur propre main,

---

(1) On appelait brief, ou bien encore cédule, dans notre

pour icelles estre seellées dudit seel. Et peuvent iceulx notaires recepvoir tous contrats et est à eulx plaine foy adjoustée, sans ce que les parties soyent tenues d'aller devant le seeleur, et tout ainsi comme ce faict avait esté en jugement. » (Livre I, chap. 2 *bis*).

La *Practica forensis* de Jehan Masuer contient sur le notariat et les actes notariés au quinzième siècle plusieurs règles importantes. Pour qu'un acte soit authentique d'après ce coutumier, trois conditions sont requises : 1° qu'il ait été scellé en marge de la main d'un notaire public ou juré; 2° signé par deux témoins; 3° revêtu d'un sceau authentique et ayant des caractères apparents. Un acte authentique doit encore mentionner l'année et le jour où il a été fait, de plus être lu aux parties, à peine de nullité. — Passant ensuite aux incapacités, Masuer décide qu'un notaire ne peut recevoir un contrat pour son fils, son père, sa femme, son frère, son oncle, son neveu, son beau-père, son gendre; ni un acte contenant quelque disposition en sa faveur ou en celle de sa femme. (Titre 18, *Des lettres, notes et autres instruments*, n⁰ˢ 6, 49 et 50.

Enfin le *Guidon des praticiens* au titre *Des lettres notées et à noter* (titre 18 n⁰ˢ 8 et suiv.) s'occupe de la force probante et de la force exécutoire des actes notariés.

---

ancien droit la minute de l'acte; elle était double ou simple suivant qu'il s'agissait d'une obligation synallagmatique ou d'une obligation unilatérale.

CHAPITRE IV.

DES GRANDES ORDONNANCES DE 1539, 1560 ET 1566. — CRÉATION D'OFFICES DE GARDE-SCELS ET DE GARDE-NOTES.

Pendant le seizième siècle furent rendues plusieurs ordonnances importantes concernant le notariat et notamment l'ordonnance de Villers-Coterets d'août 1539, l'ordonnance d'Orléans de janvier 1560, l'ordonnance de Moulins de février 1566.

L'ordonnance de Villers-Coterets rendue sous le règne de François Ier prescrivit la rédaction en « langage maternel français » de tous les actes notariés (art. 111), et confirmant l'ordonnance de 1437 enjoignit de nouveau à tous notaires et tabellions de tenir registres et protocoles de leurs actes (art. 173 et 174).

L'ordonnance d'Orléans, œuvre du chancelier Michel de l'Hôpital, commande aux notaires d'apposer dorénavant leur signature au bas de chaque acte transcrit sur leurs protocoles et de mentionner la signature des parties et des témoins ou leur déclaration de ne savoir signer à peine de nullité de l'acte et d'amende arbitraire (art. 83 et 84).

A l'époque où nous sommes arrivés, la maxime : « Témoins passent lettres », était encore admise ; néanmoins on ne se dissimulait pas les dangers de la preuve testimoniale. La corruption de témoins était alors un fait ordinaire, tellement ordinaire que Loysel dans ses *Institutes coutumières* ne craignait pas de dire : « Il y a entre les proverbes ruraux, que fol est qui se met en enqueste, car, le plus souvent, qui mieux abreuve mieux preuve. » (V, titre 5, *De preuves et reproches*, n° 1). — Un pareil état de choses ne pouvait durer plus longtemps ; l'ordonnance de Moulins vint restreindre à cent livres l'admission de la preuve par témoins et décider qu'au dessus de cette somme « seraient passez contrats par devant notaires et témoins » (art. 54). A partir de ce moment le notariat dut prendre et prit effectivement une grande importance.

Nous avons vu précédemment la création et la mise à ferme dans tout le royaume d'offices de notaire et de tabellion ; des besoins d'argent les rendirent transmissibles et vénals au siècle suivant. Des charges de garde-scels, destinés à apposer le sceau de la juridiction sur les actes notariés furent établies par édit de novembre 1542. — Au mois de mai 1575, un édit d'Henri III vint compliquer encore cette organisation déjà si compliquée par la création dans le ressort de chaque juridiction royale d'offices de garde-notes avec le droit exclusif de conserver les minutes et protocoles des notaires décédés, démissionnaires ou suspendus et d'en délivrer des expéditions. Ces diverses fonctions de notaire, tabellion, garde-scels et garde-notes étaient en même temps déclarées incompatibles. — Des lettres patentes du 12 décembre 1578 rendirent ces mesures non applicables aux notaires de Paris.

Nous ne quitterons pas le seizième siècle sans citer quelques conseils d'un jurisconsulte de l'époque, Charondas, aux notaires de son temps : « Les notaires, nous dit-il, doivent bien entendre l'intention des parties pour selon icelle dresser le contract; et n'oublier les termes propres et convenables pour l'exprimer, afin de retrancher l'occasion de procès ; car quelquefois les contractants n'entendent bien ce qu'ils veulent faire, et encores qu'ils l'entendent, ils ne peuvent si apertement déclarer leur intention, et partant, ils doivent être aidés de l'art et practique des notaires : auxquels trois choses sont bien requises, la prudhommie, fidélité et expérience (1). »

----

(1) Pandectes ou Digestes du droit français, II, 24.

CHAPITRE V.

SECTION PREMIÈRE.

Des dernières années du XVIe siècle à la Révolution de 1789.

La séparation des offices de notaire, de tabellion, de garde-scels, de garde-notes, était on ne peut plus préjudiciable aux intérêts des parties et augmentait les frais d'un acte dans des proportions considérables ; de plus des conflits, conséquence presque inévitable de l'impossibilité où se trouvaient ces divers officiers de rester enfermés exactement dans les limites de leurs fonctions, s'élevaient fréquemment entre eux. Voulant remédier à ces inconvénients, Henri IV, par édit du mois de mai 1507, supprima les divers offices dont la France était surchargée, à l'exception toutefois de celui de garde-scels et créa des offices de notaires tabellions garde-notes, devant être exercés par la même personne. — En 1706, les offices de garde-scels furent à leur tour supprimés ; chaque notaire dut dès lors avoir un sceau aux armes du roi et sceller lui-même tous ses actes. Ainsi disparurent les derniers vestiges d'une époque désastreuse, où la royauté s'était vue contrainte de trafiquer, suivant l'expression de Sully, des choses les moins propres au commerce, à savoir : la justice et la considération de tous ceux qui, de près ou de loin, sont appelés par leurs fonctions à la préparer ou à la rendre. — Le notariat se trouve donc définitivement organisé à la fin du seizième siècle; pendant près de deux cents ans, en effet, il ne subit aucune modification importante; seuls quelques points de détail donnèrent lieu à des réformes partielles sans grand intérêt du reste.

Parmi les nombreux jurisconsultes s'étant occupés des notaires pendant cette période, nous en voulons citer deux : Domat et Pothier. Le traité des *Lois civiles* de Domat, consacre toute une section aux fonctions et aux devoirs des notaires (t. II, tit. 4, sect. 5); il définit les notaires « des officiers établis pour donner aux actes qui se passent par devant eux, le caractère de la forme publique et de l'autorité de justice, qui fait que ces actes portent la preuve de leur vérité et donnent l'hypothèque sur les biens de ceux qui s'obligent. » Domat s'occupe ensuite des différentes sortes de fonctions des notaires; de leurs obligations, quant aux minutes dont ils sont dispositaires et enfin du secret qu'ils doivent garder sur leurs actes.

Pothier, dans son *Traité des Obligations*, n°s 730 à 733, consacre quelques lignes à l'acte authentique et en particulier aux actes notariés. Les conditions de validité d'un acte notarié sont, d'après lui, d'avoir été reçu par un notaire assisté d'un second notaire ou de deux témoins, d'être écrit sur papier timbré et d'être contrôlé ; il faut de plus que le notaire ait le caractère d'officier public et le droit d'instrumenter dans le lieu où l'acte a été rédigé ; mais peu importe que les parties soient ou non domiciliées dans l'étendue de la juridiction du notaire.

SECTION II.

Coup d'œil rapide sur le notariat au moment de la Révolution.

Il existait en France au moment de la Révolution trois classes de notaires : 1° les notaires royaux, nommés directement par le roi, avec pouvoir d'instrumenter dans toute l'étendue de leur circonscription, bailliage ou sénéchaussée ; toutefois les notaires royaux de Paris, d'Orléans et de Montpellier avaient le droit de passer des actes dans toutes la France, en vertu de lettres patentes de Louis XII, d'avril 1510 et d'août 1512 ; — 2° les notaires seigneuriaux, nommés par les seigneurs ; leurs pouvoirs étaient limités au ressort de la justice seigneuriale à laquelle ils étaient attachés ; — 3° les notaires apostoliques, institués par les papes pour recevoir les actes ayant rapport aux matières d'intérêt temporel ecclésiastique dont il fallait envoyer à Rome des expéditions.

La juridiction contentieuse et la juridiction volontaire, le droit de rendre la justice et celui de constater les conventions étaient depuis longtemps

complétement séparés (Ordonnance de 1542) ; mais
les actes notariés n'en continuaient pas moins à
produire tous les effets des jugements. Ainsi ils em-
portaient hypothèque générale sur tous les biens du
débiteur et pouvaient être mis à exécution, une fois
revêtus de la formule exécutoire, avec l'aide de la
puissance publique. Néanmoins lorsqu'il s'agissait
d'instruments ou contrats passés sous scel non royal,
c'est-à-dire par devant un notaire seigneurial, et
qu'on voulait en poursuivre l'exécution hors de son
ressort, il fallait obtenir des lettres de chancellerie
à cet effet. Le scel royal au contraire avait son exécution de plein droit par tout le royaume (1).

Nous terminerons cette rapide étude sur l'ancien
notariat français en mentionnant la curieuse prérogative dont jouissaient les notaires de représenter les
absents et les enfants en bas âge ; c'est-là incontesta-
blement un souvenir de la législation romaine sur
les *tabularii* (2).

---

(1) Guy Coquille, *Commentaire sur la coutume de Ni-
vernais*, Chap. XXXII, art. 3 ; Julien Brodeau, *Commentaire sur la coutume de la prévôté et vicomté de Paris*,
titre VIII, art. 164 et 165. — Voy. également les *Décisions*
de Jean des Mares et le *Grand coutumier de Charles VI*,
livre II, chap. 15.

(2) Voy. à ce sujet : la *Practica forensis* de Masuer,
titre 18, n° 13 ; les *Décisions* de Boërius, n° 172, 5° ; Loyseau,
Du droit des offices, II, 5, n° 14 ; Etienne Pasquier, *Les
recherches de la France*, IV, chap. 14.

CHAPITRE VI.

DU NOTARIAT PENDANT LA PÉRIODE INTERMÉDIAIRE.

La révolution de 1789 qui devait réorganiser la société française sur de nouvelles bases n'oublia pas le notariat. « Dans son décret du 29 septembre, sanctionné le 6 octobre 1791, la Constituante, après avoir aboli la vénalité et l'hérédité des offices royaux de notaires, tabellions et autres, et supprimé les offices des notaires seigneuriaux, apostoliques et autres du même genre, créa de nouveaux notaires publics, détermina leurs attributions, fixa leurs ressorts respectifs, régla de quelle manière ils seraient institués, conserva, par des dispositions transitoires, tous les notaires qui se trouvaient en exercice au jour de la publication de la loi, prescrivit de sages dispositions pour le dépôt et la conservation des minutes, rappela quelques règlements relatifs à la forme des actes, créa la nouvelle forme suivant laquelle on pourvoit encore aujourd'hui aux remplacements que les circonstances exigent, et enfin fixa le prix du remboursement des offices supprimés (1). »

---

(1) Discours prononcé par le conseiller d'Etat Réal, à la séance du Corps législatif du 14 ventôse an XI.

Cette loi présentait néanmoins certaines lacunes qu'il importait de combler, certaines imperfections qu'il fallait faire disparaître ; de là la loi des 25 ventôse-5 germinal an XI (16-26 mars 1803), encore en vigueur aujourd'hui.

DE LA RESPONSABILITÉ CIVILE DES NOTAIRES

EN DROIT FRANÇAIS

INTRODUCTION.

BASES ET ÉTENDUE DE LA RESPONSABILITÉ NOTARIALE DANS
NOTRE ANCIENNE JURISPRUDENCE, DANS LA LÉGISLATION
INTERMÉDIAIRE ET DANS NOTRE DROIT ACTUEL.

La responsabilité, c'est l'obligation où se trouve une personne de réparer le préjudice causé par elle à une autre par son fait, sa négligence ou son imprudence. Cette responsabilité peut être selon les cas pénale ou civile : pénale, lorsque sa cause originelle tombe sous le coup de la loi répressive ; civile, lorsqu'elle consiste uniquement en une indemnité pécuniaire.

Le principe de la responsabilité civile se trouve formulé de la manière la plus nette, la plus précise dans les art. 1382 et 1383 du Code civil ; mais quelque généraux que paraissent être au premier abord les termes de ces deux articles, ils ne sauraient cependant s'appliquer indistinctement à toutes les situations. Il existe en effet certains fonctionnaires, tels que les magistrats de l'ordre judiciaire, les comptables de deniers publics, les conservateurs des hypothèques, — certains officiers ministériels, tels que les notaires, les avoués, les huissiers dont la responsabilité, à raison même de la nature de leurs fonctions, devait être soumise à une réglementation spéciale; c'est là ce que le législateur a parfaitement compris et ce qu'il a voulu faire en organisant d'une façon particulière la responsabilité de ces fonctionnaires, de ces officiers publics. Nous nous occuperons uniquement dans le cours de ce travail de la responsabilité civile des notaires.

Avant d'aborder l'étude détaillée de la responsabilité notariale telle qu'elle résulte de la loi du 25 ventôse an XI et des lois postérieures, quelques renseignements sur l'état de la question soit dans notre ancienne jurisprudence, soit dans le droit intermédiaire nous paraissent indispensables.

Nous venons de voir par quelles transformations successives avait passé le notariat au moment de la promulgation de la loi de ventôse. Pendant cette longue période un certain nombre de dispositions étaient intervenues pour déterminer dans quelles conditions les notaires devaient être responsables de la nullité de leurs actes (1); la plus remarquable de

---

(1) Nous pouvons citer notamment l'édit du 1er décembre 1437, qui ordonne aux notaires du Châtelet de Paris de garder les registres de leurs actes et de les transmettre à leurs successeurs « sous peine de dédommager les par-

toutes est sans contredit une déclaration du roi du
29 septembre 1722. Cette déclaration posait formellement en principe dans son art. 3 « que les notaires
demeureraient responsables des dommages-intérêts
que les parties pourraient souffrir par la nullité de
leurs actes » ; mais cette disposition, de l'avis unanime
de tous les auteurs, ne fut jamais appliquée bien rigoureusement. Il était en effet admis dans notre ancien
droit, par la doctrine comme par la jurisprudence,
que seuls le dol et la faute lourde assimilée au dol,
pouvaient engager la responsabilité des notaires ;
une simple négligence, *si dolus abesset*, ne suffisait
donc pas pour entraîner contre le notaire son auteur
un recours en dommages-intérêts. Ferrière est on ne
peut plus explicite sur ce point : « Un notaire, dit-il,
est toujours tenu des dommages-intérêts qu'il a

---

ties qui par leur faute ne pourraient recouvrer leurs
lettres » ; — les art. 76 de la coutume de Bourbonnais et
39 de la coutume de la Marche imposant aux notaires
l'obligation de mentionner le lieu où l'acte avait été rédigé ;
— les art. 378 de la coutume de Poitou et 463 de la coutume d'Orléans leur défendant d'instrumenter hors de
leur ressort ; — divers arrêts de règlement d'août 1607,
14 janvier 1621, 8 juin 1637, 25 février 1647, 3 octobre 1703,
portant défense aux notaires de recevoir des actes dans
l'intérêt de leurs parents jusqu'à un certain degré ; — des
4 décembre 1703, 13 septembre 1713, 9 mars 1730, 21 mars
1732, août 1735, relatifs au notaire en second et aux deux
témoins, etc., etc. Mais jusqu'à la déclaration de 1722, aucune disposition n'était encore venue statuer d'une manière générale sur la responsabilité des notaires ; les coutumes, les arrêts de règlement avaient toujours eu en vue
des espèces particulières.

causés à un des contractants, lorsqu'il y a dol de sa part, ou une lourde faute, parce que la lourde faute est comparée au dol. » (*Parfait notaire*, I, 17). Et ailleurs dans son *Dictionnaire de droit et de pratique*, vº *Notaire*, il nous dit également : « Les notaires ne sont point responsables des nullités qu'ils ont causées par impéritie dans les actes qu'ils ont passés. A l'égard des dommages-intérêts qu'ils auraient causés par dol, ou par lourde faute, qui est en droit comparée au dol, ils sont toujours tenus des dommages-intérêts causés par ce moyen à l'un des contractants. » Néanmoins, hâtons-nous de le dire, il n'en était ainsi que tout autant que la nullité provenait « de la disposition du Droit et des Coutumes »; car résultait-elle au contraire « de ce que les notaires avaient fait quelque chose de contraire aux Ordonnances » on ne distinguait plus entre le dol ou la faute lourde et la faute légère ou très légère et tout le dommage causé devait être réparé (1). — Cependant, même dans ce dernier cas, il arrivait parfois que « la Cour favorisant la cause des notaires », suivant l'expression de nos anciens auteurs, repoussait l'action en dommages-intérêts; témoin un arrêt du

______

(1) Voy. encore Brétonnier sur Henrys, I, liv. 2, chap. 4, question 27, — Brodeau sur Louet, II, lettre N, nº 9; — Bruneau, *Traité des criées*, II, p. 450; — Delaville, *Dictionnaire des arrêts*, 21 janvier 1605; — Furgole, *Testaments*, IV, chap. 12; — Jousse, *Traité de la Justice civile*, II, p. 404; — Rousseau de la Combe, vˢ *Notaire*, nº 12, et *Impéritie*.

Parlement de Paris du 5 septembre 1758, rapporté par Denizart (v° *Nullité*, n° 32) : « Les notaires sont-ils garants des nullités procédant de leur fait qui se trouvent dans les actes qu'ils ont reçus ? se demande notre auteur. Cette question s'est présentée entre les héritiers de Jean Porcher de Lazais et ceux de M° Berthoumier, notaire à Crevant, qui avait passé en 1702 un contrat de vente en présence de témoins qui n'avaient pas signé et qui n'avaient pas été interpellés de signer. La nullité du contrat était bien le fait de Berthoumier, et les héritiers de l'acquéreur demandaient que la succession les garantit ; mais par arrêt rendu au rapport de M. Chavaudon, en la deuxième Chambre des enquêtes, le mardi 5 septembre 1758, la Cour, en déclarant l'acte nul, a néanmoins débouté de la demande en garantie formée contre les héritiers du notaire (1). »

La législation intermédiaire admit comme notre ancienne jurisprudence le principe de la responsabilité notariale ; chaque notaire dut même déposer à titre de garantie des faits de ses fonctions un fonds de responsabilité en deniers (Loi des 29 septembre-6 octobre 1791, titre 1ᵉʳ, section 2, art. 16) ; mais aucune innovation ne fut apportée à l'état de choses préexistant en ce qui concernait l'étendue de la responsabilité notariale (Rapport de M. Frochot à l'As-

---

(1) Voy. aussi Jullien, *Eléments de jurisprudence*, page 208, et un arrêt du parlement de Provence du 12 mai 1755.

semblée constituante du 15 septembre 1791). La jurisprudence se prononça constamment dans ce sens : voyez notamment un arrêt du Tribunal de cassation du 11 frimaire an VII (Rolland de Villargues, *Répertoire de la jurisprudence du notariat*, v° *Responsabilité* n° 85) et un arrêt du Tribunal d'Appel de Colmar du 29 pluviôse an X (Dalloz, *Répertoire alphabétique*, v° *Responsabilité*, n° 345, 2°).

Nous arrivons enfin à la loi des 25 ventôse-5 germinal an XI actuellement en vigueur. — Toute disposition législative entraîne nécessairement à sa suite une sanction, c'est-à-dire une peine destinée à en assurer l'exécution. Cette nécessité a conduit le législateur de l'an XI à frapper de certaines pénalités les notaires qui ne se conformeraient pas aux prescriptions de la loi nouvelle : suivant la gravité des circonstances, ce seront tantôt la destitution ou la suspension, tantôt une simple amende ou bien encore la condamnation aux dommages-intérêts des parties. En ce qui concerne les dommages-intérêts, le siège principal de la matière est l'art. 68 de la loi de ventôse ainsi conçu : « Tout acte fait en contravention aux dispositions contenues aux articles 6, 8, 9, 10, 14, 20, 52, 64, 65, 66 et 67, est nul, s'il n'est pas revêtu de la signature de toutes les parties ; et lorsque l'acte sera revêtu de la signature de toutes les parties contractantes, il ne vaudra que comme écrit sous signature privée ; sauf, dans les deux cas, s'il y a lieu, les dommages-

intérêts contre le notaire contrevenant (1). » Les art.
16, 18 et 23 doivent venir d'ailleurs compléter l'énumération donnée dans l'art. 68. — De plus pour rendre aussi efficace que possible le recours des parties,
l'art. 33 assujettit les notaires à un cautionnement
« spécialement affecté à la garantie des condamnations prononcées contre eux, par suite de l'exercice
de leurs fonctions. »

Trois questions, ayant chacune donné lieu à de
vives controverses, doivent nous arrêter tout d'abord
au début de cette étude.

I. *Doit-on considérer comme applicables à la responsabilité des notaires lès art.* 1382 *et* 1383 *du Code
civil?* — Suivant quelques auteurs, l'art. 68 de la
loi de ventôse aurait été implicitement abrogé par le
Code civil; on invoque notamment à l'appui de cette
opinion la généralité des termes des art. 1382 et 1383,
la discussion à laquelle le chapitre des délits et des
quasi délits donna lieu, soit au Conseil d'État, soit
au Corps législatif, enfin, les divers discours prononcés à cette occasion par les orateurs du gouvernement.

Dans un autre système, on soutient au contraire
qu'il faut s'en tenir uniquement à la loi de ventôse
et laisser complétement de côté le droit commun du

---

(1) Nous négligerons absolument dans la suite de nos
explications les art. 64 à 67 qui, se réfèrant à des dispositions essentiellement transitoires ne sauraient, à ce titre,
présenter aujourd'hui un sérieux intérêt.

Code civil; procéder autrement, dit-on, ce serait
« dépayser les principes » suivant l'expression de
d'Aguesseau, méconnaître de la manière la plus absolue ce principe, pourtant si sage du droit romain,
à savoir que « in toto jure generi per speciem dero-
« gatur, et illud potissimum habetur, quod ad spe-
« ciem directum est » (Frag. 80, *De regulis juris*);
on tire encore argument de l'art. 505 du Code de Procédure civile aux termes duquel la prise à partie ne
peut avoir lieu que dans certains cas rigoureusement
déterminés (1).

Ces deux opinions nous paraissent également inad-
missibles : la première, en ce qu'elle ne tient aucun
compte de cette idée bien connue et bien rationnelle,
qu'une loi générale, à moins d'une disposition
formelle contraire, n'abroge jamais une loi spéciale
antérieure; la seconde, en ce qu'elle oublie ce
principe, non moins universellement admis, que
c'est à la loi générale qu'il faut avoir recours pour
combler les lacunes de la loi spéciale. Nous nous
trouvons donc tout naturellement conduit à penser
avec la majorité de la doctrine et la preque unanimité
de la jurisprudence que la responsabilité notariale

---

(1) En ce sens : Mourlon et Jeannest Saint-Hilaire, *For-
mulaire général à l'usage des notaires*, (*De la responsabilité des officiers publics et ministériels*); — Pagès, *De la
responsabilité des notaires*; — Paul Pont, *Revue critique
de législation et de jurisprudence*, tome VII, année 1855,
page 53 et suiv.; — Ch. Vergé, *De la responsabilité des
notaires*, nos 2 et 3.

repose sur une sage combinaison de la loi générale et de la loi spéciale, des art. 1382 et 1383 du Code civil et de l'art. 68 de la loi de ventôse. Toutes les fois donc que la loi de ventôse sera incomplète, comme par exemple dans les cas prévus par les art. 3 et 11, nous aurons recours aux principe généraux du Code civil; mais nous ne devrons jamais perdre de vue en appliquant à la responsabilité notariale les art. 1382 et 1383, la disposition finale de notre art. 68, disposition d'une grande importance et sur laquelle nous reviendrons bientôt (1).

II. *Dans quels cas les notaires doivent-ils être responsables de la nullité de leurs actes?* — Dans les premières années qui suivirent la promulgation de la loi de ventôse, la jurisprudence et la doctrine décidaient généralement que seuls le dol et la faute lourde pouvaient engager la responsabilité des notaires (2); mais cette opinion est aujourd'hui com-

---

(1) En ce sens : Arnault, *Lectures sur le notariat français* (*Recueil de l'Académie de législation de Toulouse*, année 1878-79, page 252); — Aubry et Rau, *Cours de droit civil français*, IV, § 446, page 756; — Edouard Clerc, *Traité général du notariat et de l'enregistrement*, n° 1069; — Dalloz, *Répertoire alphabétique*, v° *Responsabilité*, n° 304; — Demolombe, *Traité des engagements qui se forment sans convention*, n° 529; — Eloy, *De la responsabilité civile des notaires*, n° 13 et suiv.; — Gabriel et Solon, *Théorie de la nullité*, II, 14.

Parmi les arrêts les plus récents de la Cour de cassation sur ce point : 5 février 1872 (D. P. 72, 1, 225); — 17 juillet 1872 (D. P. 73, 1, 87); — 2 juillet 1878 (D. P. 79, 1, 60).

(2) En ce sens : Duranton, *Cours de droit français*, IX,

plètement abandonnée. Les auteurs les plus récents, et la Cour de cassation s'est maintes fois rangé à leur opinion, sont à peu près d'accord pour décider qu'il y a lieu de distinguer entre les nullités extrinsèques ou nullités de forme et les nullités intrinsèques ou nullités tenant au fond du droit : les premières seules doivent toujours engager la responsabilité de leur auteur; les secondes en cas de dol ou de faute lourde seulement. Cette opinion nous semble à la fois très sage et très équitable; elle a pour elle la tradition historique et est conforme aux idées des rédacteurs de la loi de ventôse (1). De plus elle nous paraît cadrer parfaitement avec le texte de notre art. 1er : « Les notaires, nous dit cet article, sont les fonctionnaires publics établis pour recevoir tous les actes et contrats auxquels les parties doivent ou veulent faire donner le caractère d'anthenticité attaché aux actes de l'autorité publique... » Lors donc qu'une partie se présente chez un notaire pour passer un acte, elle est légitimement en droit d'espérer que son acte sera rédigé avec toutes les

---

n° 122 ; — et quelques arrêts, notamment : Riom, 10 janvier 1810; Grenoble, 16 août 1810 (D. A., v° *Responsabilité*, n° 305), etc,

(1) Notre assertion se trouve pleinement justifiée par de nombreux passages des travaux préparatoires de la loi de ventôse, qui nous montrent de la manière la plus évidente que la pensée du législateur de l'an XI a été de consacrer les principes admis par notre ancienne jurisprudence en matière de responsabilité notariale.

formalités requises par la loi pour lui conférer l'authenticité; si plus tard l'acte se trouve nul par suite de l'inobservation de l'une de ces formalités, quelque minime du reste qu'en paraisse être l'importance, la partie trompée dans son expectative aura son recours contre le notaire; rien de plus juste. Mais peut-on soutenir sérieusement que le notaire doit être responsable des nullités relatives au fond du droit, alors que tant de questions sont résolues en sens contraire par les meilleurs auteurs et souvent par la Cour suprême elle-même? Nous exceptons bien entendu les cas où le notaire aurait à se reprocher un dol ou une faute lourde : ainsi nous approuvons pleinement un arrêt de la Cour de cassation du 17 août 1869 (D. P. 74, 5, 353) déclarant responsable un notaire pour avoir, contrairement à la prohibition de l'art. 1660 du Code civil, inséré en faveur du vendeur, dans un acte de vente, une stipulation de réméré pour un terme excédant cinq années; mais on ne comprendrait pas qu'on fît le notaire seul juge de la question de savoir si, dans un testament, tel legs conditionnel doit recevoir son effet ou au contraire tomber comme substitution prohibée (C. C. art. 896). En pareille circonstance les parties contractante n'ont-elles pas aussi bien que le notaire à s'imputer d'avoir ignoré une disposition de la loi que chacun est censé connaître; et n'est-ce pas le cas de répéter avec le jurisconsulte romain (Frag. 1, § 1, *Si mensor falsum modum dixerit*) :

« Si imperite versatus est, sibi imputare debet, qui
« eum adhibuit (1). »

III. *Quelle est l'étendue de la quotité des dommages-intérêts pouvant être prononcés contre le
notaire?* — D'après le droit commun, un fait, pour
donner lieu à l'application des art. 1382 et 1383, doit
présenter les trois caractères suivants; être : 1° imputable à son auteur; 2° illicite ; 3° dommageable ; —
ces trois conditions réunies, il faut nécessairement
que celui qui a causé le préjudice indemnise la partie lésée et de la perte subie et du gain manqué. Ce
droit commun est-il applicable à la responsabilité
des notaires ?

Aucune difficulté ne peut s'élever relativement
aux conditions de responsabilité ; elles sont évidemment les mêmes dans les deux cas. Aussi tout le
monde reconnaît qu'une action en responsabilité

---

(1) En ce sens : Augan, *Cours de notariat*, I, page 80 ; —
Arnault, *op. cit.*; — Demolombe, *op. cit.*, n°s 532 et 534 ; —
Favard de Langlade, *Répertoire de la législation du notariat*, v° *Nullité* ;—Massé, *Jurisprudence et style du notaire*,
tome I ; — Rolland de Villargues, *op. cit.*, v° *Responsabilité des notaires*, n° 34 ; — Toullier, *Droit civil français*,
tome VI, n° 230. Cette distinction entre les formalités intrinsèques et les formalités extrinsèques a été combattue
par : Edouard Clerc, *op. cit.*, n° 1077 ; — Dalloz, *Répertoire
alphabétique*, v° *Responsabilité*, n° 384 et suiv.; — Ch.
Vergé, *op. cit.*, n°s 57 et 57 *bis*; mais il est à remarquer que
ces auteurs ne proposent aucune solution bien nette à la
place de la nôtre. — Dans notre sens parmi la jurisprudence : Riom, 28 juillet 1829 (D. P. 30, 2, 60) ; Cassation,
22 décembre 1840 (D. P. 41, 1, 42) etc.

contre un notaire ne saurait aboutir si le notaire n'a pas commis de faute (Cassation, 13 avril 1869, D. P. 71, 1, 147), et à plus forte raison, si le préjudice dont souffre la partie est exclusivement imputable à cette dernière (Cassation, 17 juin 1856, D. P. 56, 1, 462), car : « quod quis ex culpa sua damnum « sentit, non intelligitur damnum sentire » (Frag. 203, *De regulis juris*) ; de même qu'un acte a beau être annulé comme entaché de fraude, si cette fraude émane de la partie, aucun recours n'est possible contre le notaire complice, puisque *nemo auditur propriam turpitudinem allegans* (Cassation, 26 mars 1855, D. P. 55, 1, 326) ; de même enfin qu'un préjudice souffert est indispensable pour engager la responsabilité du notaire, pas d'intérêt, pas d'action (Cassation, 13 juin 1864, D. P. 64, 1, 333 ; 25 juin 1867, D. P. 68, 1, 74 ; 28 février 1872, D. P. 73, 1, 485).

Mais devons-nous décider également en matière de responsabilité notariale que ces trois conditions remplies, le notaire doit être nécessairement condamné aux dommages-intérêts ? Si l'art. 68 de la loi de ventôse se trouve en fait abrogé par le Code Civil, la solution affirmative de cette question ne saurait être douteuse. Mais tel n'a pas été, on s'en souvient, le résultat de nos recherches ; nous croyons avoir suffisamment démontré que la responsabilité notariale découlait d'une sage combinaison des dispositions du Code Civil et de la loi de ventôse, combinaison dont nous allons maintenant apercevoir l'intérêt.

Notre art. 68 après avoir rappelé dans quels cas un acte notarié devait être considéré comme nul et décidé que l'acte nul comme authentique vaudrait comme acte sous seing privé, s'il était signé de toutes les parties, se termine ainsi : « sauf dans les deux cas, s'il y a lieu, les dommages-intérêts contre le notaire contrevenant. » C'est précisément cette dernière disposition et en particulier les mots, s'il y a lieu, qui constituent le droit spécial à la responsabilité des notaires. On a cependant cherché à faire rentrer notre article dans le droit commun ; par ces mots, s'il y a lieu, dit-on, le législateur a seulement voulu indiquer qu'avant de condamner le notaire à des dommages, les juges auraient à examiner s'il y avait eu faute de sa part et préjudice causé. Mais ainsi entendus ces mots étaient bien inutiles, les principes généraux en matière de responsabilité nous conduisant au même résultat ; il faut donc leur chercher un sens raisonnable : or, si nous nous reportons aux diverses rédactions dont notre article a été successivement l'objet, nous voyons que l'intention bien manifeste du législateur a été de laisser sur ce point aux magistrats un pouvoir d'appréciation très étendu de telle sorte que la déclaration de la nullité d'un acte n'entraînât pas nécessairement la responsabilité du notaire rédacteur. Alors donc que l'existence d'une faute serait évidente, que le préjudice ne serait pas contestable, les tribunaux auraient encore le droit, prenant en considération les antécédents et la conduite habituelle du notaire, et ne voulant pas punir trop sévèrement un moment d'oubli, soit de le condamner simplement aux dépens, soit de diminuer dans une mesure plus ou moins grande le chiffre des dommages-intérêts. Cette doctrine ressort parfaitement d'un arrêt de la Cour de Cassation du 27 novembre 1837 (D. P. 37, 1, 465) ; depuis cette époque elle a été consacrée par de nombreux arrêts de la Cour suprême ; signalons parmi les plus récents ceux du 13 avril 1869 (D. P. 71, 1, 147) ; 5 février 1872 (D. P. 72, 1, 225 et la note), etc.

Une dernière question nous reste à examiner, c'est celle de savoir à quelle juridiction appartient le droit d'apprécier les faits d'où l'on déduira plus tard la preuve d'une faute commise par le notaire. La jurisprudence, il y a quelques années, était à peu près unanime à décider que les cours et tribunaux avaient un pouvoir souverain d'appréciation sur toutes ces questions de faute, de préjudice et de dommages-intérêts ; par suite, les décisions des juges du fait se trouvaient échapper au contrôle de la Cour de Cassation. En ce sens : arrêt du 17 juillet 1872 (D. P. 73, 1, 87). — Cette jurisprudence était généralement combattue. « Sans doute, faisait remarquer avec beaucoup de raison M. Arnault dans ses *Lectures sur le notarial français* auxquelles nous avons eu déjà souvent recours les juges des tribunaux et des cours d'appel constatent souverainement les faits et la Cour de Cassation doit les tenir pour certains, tels qu'ils ont été constatés, mais de ce fait il faut déduire le droit, c'est-à-dire dans notre cas l'imputabilité civile et ceci rentre essentiellement dans les attributions de la Cour de Cassation (1). » La Cour suprême a fini par se rendre à ces arguments, et c'est aujourd'hui une jurisprudence bien établie que la question de savoir s'il y a faute professionnelle est une question de droit, de la compétence par conséquent de la Cour de Cassation. Voy. notamment les arrêts des 15 avril 1873 (D. P. 73, 1, 262 et la note); 28 janvier 1879 (D. P. 79, 1, 151); 27 mars 1882 (D. P. 82, 1, 293).

Nous ne saurions mieux terminer ces considérations préliminaires qu'en rappelant ces sages paroles de Troplong : « Je pense en général qu'il n'est pas bon de pousser à l'excès la responsabilité des notaires et qu'il ne faut pas environner de trop de périls leurs fonctions déjà si délicates et si difficiles. » (*Du Mandat*, n° 26). M. Demolombe, (*op. cit*, n° 538) déclare « s'associer à cette observation de l'éminent auteur. » — La jurisprudence après quelques arrêts empreints d'une exagération vraiment regrettable paraît revenir à une appréciation plus bienveillante et par cela même plus exacte de la responsabilité notariale.

Nous allons maintenant nous occuper dans trois

---

(1) *Ad.* : Sourdat, *Traité de la responsabilité*, I, n°s 132, 461 et 464 *quater* ; — Dalloz, note sur un arrêt du 24 janvier 1870 (D. P. 70, 1, 177).

parties: 1° De la responsabilité des notaires comme officiers publics; 2° De la responsabilité des notaires comme gérants d'affaires, dépositaires ou mandataires de leur clients; 3° des formes et de la durée de l'action en responsabilité.

PREMIÈRE PARTIE.

DES OBLIGATIONS IMPOSÉES AUX NOTAIRES COMME OFFICIERS PUBLICS ET DE LA RESPONSABILITÉ CIVILE QU'ILS PEUVENT ENCOURIR EN CETTE QUALITÉ.

CHAPITRE PREMIER.

DE LA COMPÉTENCE TERRITORIALE DES NOTAIRES.

(Art. 4, 5 et 6 de la loi de ventôse).

« Comme l'autorité du juge est bornée et limitée dans sa sphère, qui est l'étendue de son territoire, ainsi les notaires, juges volontaires qui condamnent les parties de leur consentement, ne peuvent instrumenter ni recevoir aucuns contrats ou actes, même *inter volentes*, sinon au dedans de leur ressort, hors lequel ils sont tenus et réputés pour personnes privées, et ce sur peine de nullité des contrats et de répondre en leur propre et privé nom des dépens, dommages-intérêts des parties. » Ce passage de Ferrière (*Parfait notaire*, I, 8) est encore parfaitement exact aujourd'hui; à aucune époque en effet, il n'a été admissible qu'un notaire put, au gré de ses caprices ou de ses intérêts, abandonner sa résidence pour en adopter une autre, passer des actes hors de son ressort. Indépendamment des chances de perte ou de destruction que ces déplacements feraient courir à ses minutes et des raisons d'ordre public qui exigent la présence du fonctionnaire là où son ministère peut être requis, des considérations de convenance et de délicatesse envers les autres notaires se sont toujours opposées à ces changements volontaires. Ce sont là les idées dont se sont inspiré les rédacteurs de la loi de ventôse en écrivant les art. 4, 5 et 6 ; ces articles obligent chaque notaire à résider dans le lieu à lui fixé par le gouvernement et lui défendent d'instrumenter hors de son ressort.

Il importe tout d'abord de bien préciser le sens de ces deux mots : résidence et ressort. La résidence, d'après la définition généralement admise, est le lieu où le notaire est obligé d'avoir une demeure fixe et habituelle pour l'exercice de ses fonctions ; le ressort au contraire, est l'étendue du territoire dans laquelle un notaire a le droit d'instrumenter et hors de laquelle il est sans pouvoir, sans caractère, pour donner l'authenticité à ses actes. — On voit de suite, et sans qu'il soit besoin d'y insister autrement, les différences considérables qui séparent la résidence du ressort.

Il semble au premier abord qu'il y ait contradiction entre l'art. 4 et l'art. 6, mais cette contradiction n'est qu'apparente. La règle est contenue dans l'art. 4 : le notaire est tenu à la résidence ; exceptionnellement, et lorsqu'il en sera requis, il pourra se transporter dans une commune quelconque de son ressort pour y instrumenter (art. 6) mais sans pouvoir toutefois ouvrir étude ni conserver le dépôt de ses minutes ailleurs qu'au lieu de sa résidence (Avis du conseil d'Etat du 7 fructidor an XII).

L'infraction à la loi de la résidence peut donner lieu à trois actions complètement distinctes et indépendantes les unes des autres : l'action publique ou administrative, l'action disciplinaire devant la chambre des notaires de l'arrondissement et enfin l'action civile en dommage-intérêts. C'est de cette dernière seule que nous avons à nous occuper. — Pendant assez longtemps les tribunaux se sont refusés à admettre la possibilité d'une action en dommages-intérêts fondée sur la violation du devoir de la résidence : on donnait pour motifs que ni l'art. 4 ni l'art. 68 n'avaient sanctionné cette obligation par une réparation pécuniaire envers les notaires lésés ; que cette question était exclusivement du ressort du garde des sceaux, etc. Mais cette opinion n'a pas prévalu et une jurisprudence aujourd'hui unanime et parfaitement établie décide au contraire qu'une action en dommages-intérêts sera recevable pourvu toutefois que les trois conditions suivantes se trouvent remplies : 1° transport périodique et à jour fixe du notaire dans une commune autre que celle où il doit résider ; 2° choix d'un local déterminé dans lequel il reçoit les clients et passe les actes de son ministère ; 3° absence de réquisition spéciale. Ces principes ont été consacrés par de nombreuses décisions de la jurisdence ; entre autres : Grenoble, 2 mars 1850 (D. P. 52, 2, 119) ; Cassation, 30 mai 1859 (D. P. 59, 1, 269) ;

d⁰ 8 mars 1864 (D. P. 64, 1, 304); Bordeaux, 13 mai 1872 (D. P. 73, 2, 63); Grenoble, 24 février 1875 (D. P. 76, 2, 114); Chambéry, 11 mars 1878 (D. 79, 5, 287), etc.

La défense faite aux notaires d'instrumenter hors de leur ressort est sanctionnée non-seulement par les peines sévères de la suspension et même de la destitution, mais encore par la condamnation aux dommages-intérêts des parties; à ce dernier titre nous devons nous en occuper quelques instants. — La seule difficulté que peut soulever l'art. 6 consiste dans le véritable sens à donner au verbe instrumenter. Tout le monde est d'accord pour reconnaître qu'il ne faut pas voir une contravention à notre article dans le fait par un notaire d'assister à de simples pourparlers hors des limites de son ressort, alors même qu'il aurait pris note des conventions des parties de manière à pouvoir plus tard rédiger l'acte dans son étude. Mais ne faut-il pas aller plus loin et décider qu'intrumenter c'est uniquement rédiger l'acte, *instrumentum*, en la forme authentique? La Cour de Cassation paraît bien fixée pour l'affirmative; elle a notamment décidé le 21 mai 1873 (D. P. 73, 1, 225 et la note) qu'un notaire pouvait procéder à des enchères publiques et adjuger des lots d'immeubles hors de son ressort, sans encourir de responsabilité, à la condition qu'il ne dressât ni procès-verbal ni acte de vente sur le lieu de l'adjudication. Cette jurisprudence nous semble fort contestable et de nature à favoriser une concurrence déloyale.

Notons en terminant que l'art. 205 du Code de Procédure civile consacre, dans un cas tout spécial, une dérogation à l'art. 6 de la loi de ventôse.

CHAPITRE II.

De même qu'un notaire ne peut pas instrumenter en tous lieux, de même il ne doit pas indistinctement prêter son ministère à toute personne; il eut été souvent dangereux en effet de mettre aux prises son intérêt et sa probité, son affection et son devoir; de là l'art. 8 de la loi de ventôse ainsi conçu : « Les notaires ne pourront recevoir des actes dans lesquels leurs parents ou alliés en ligne directe à tous les degrés, et en collatérale jusqu'au degré d'oncle ou de neveu inclusivement seraient parties, ou qui contiendraient quelque disposition en leur faveur. » L'article 68 prononce la nullité de l'acte rédigé contrairement aux prohibitions de l'art. 8 et de plus les dommages-intérêts, s'il y a lieu.

Une difficulté assez grave, et que nous devons examiner tout d'abord, a été soulevée relativement à la disposition finale de notre article; on s'est demandé si ces mots « quelque disposition en leur faveur » devaient s'appliquer uniquement aux parents et alliés, ou uniquement aux notaires, ou tout à la fois aux uns et aux autres. Les trois opinions ont été soutenues; mais à notre avis la première seule est admissible ; elle résulte tout naturellement du sens grammatical de la phrase et est d'ailleurs adoptée par la jurisprudence. Nous n'entendons pas dire pour cela qu'un notaire puisse recevoir un acte dans lequel il aurait un intérêt personnel ; seulement cette prohibition nous paraît résulter par *a fortiori* de l'art. 8 et non son texte même.

Reprenons maintenant les divers points prévus par notre article : 1° *Un notaire ne peut recevoir un acte dans lequel ses parents ou alliés seraient parties.* — En ligne directe, l'interdiction est absolue ; en ligne collatérale, jusqu'au troisième degré seulement. L'alliance produit les mêmes empêchements que la parenté, mais il ne faut pas perdre de vue que la règle : *affinitas non gignit affinitatem*, permet au notaire, sans qu'il ait à craindre d'engager sa responsabilité, de recevoir un acte dans lequel le mari de la sœur de sa femme par exemple serait partie ; d'autre part, qu'aux termes d'une jurisprudence constante, l'alliance ne cesse pas par le décès, même sans postérité, du conjoint qui la produisait. Mais que faut-il entendre par partie à un acte ? On est assez généralement d'accord pour admettre qu'il faut considérer comme parties dans le sens de l'art. 8, non-seulement ceux qui figurent à l'acte en leur nom, mais encore ceux qui y sont représentés par un autre individu ; ainsi sont parties à l'acte : le mandant (C. C., art. 1998) ; le mineur, Cassation, 29 décembre 1840 (D. P. 41, 1, 48) ; celui pour lequel on s'est porté fort après sa ratification, *rati enim habitio mandato comparatur*, comme le fait remarquer le frag. 12, § 4, *De solutionibus et liberationibus* (Dig. XLVI, 3), — même avant sa ratification d'après la Cour de cassation, 18 janvier 1848 (D. P. 48, 1, 38), etc. Le mandataire (art. 13 de la loi de ventôse), le tuteur, celui qui se porte fort sont eux aussi parties à l'acte et tombent sous le coup de la prohition de l'art. 8.

2° *Ou qui contiendrait quelque disposition en leur faveur.* — Et il en est ainsi, quelque modique que soit la disposition et de quelque acte qu'elle résulte. Nous ferions cependant une exception pour le testament mystique à moins toutefois qu'il ne fut bien établi que, d'une manière ou d'une autre, le notaire en connaissait les dispositions.

3° *Le notaire ne peut pas être partie ou avoir un intérêt dans les actes qu'il reçoit.* — Il est bien évident qu'un notaire ne peut pas être à la fois officier public et partie dans un acte ; le droit romain en décidait ainsi : « Omnibus in re propria, » disait la C. 10, *De testibus*, « dicendi testimonii facultatem jura « submoverunt » ; — « Generali lege decernimus », disait encore la C. 1, *Ne quis in sua causa judicet* (Cod. III, 5), « neminem sibi esse judicem ; vel « jus sibi dicere : in re enim propria iniquum ad- « modum est, alicui licentiam tribuere sententiæ. » Aussi le législateur de l'an XI n'a-t-il pas cru nécessaire de s'expliquer formellement à ce sujet ; mais cette prohibition, comme nous l'avons déjà fait remarquer, résulte *a fortiori* des art. 8 et 68. Depuis la loi de ventôse, l'art. 33 de l'arrêté règlementaire du notariat en Algérie, est venu défendre de nouveau aux notaires « d'insérer dans les actes des dispositions dont ils retireraient un profit personnel. » De nombreux arrêts ont été rendus sur cette question; il a été jugé notamment qu'un acte contenant au profit du notaire rédacteur une reconnaissance de servitude, devait être annulé (Cassation, 15 juin 1853, D. P. 53, 1, 211); de même qu'il fallait considérer comme complètement nul l'acte de prêt reçu par un notaire, créancier de l'emprunteur, si ce prêt était destiné dans la pensée des contractants et dans celle du notaire, à désintéresser ce dernier (Cassation, 29 juillet 1863, D. P. 63, 1, 465). Mais il ne faudrait pas exagérer, et décider par exemple qu'un notaire a un intérêt personnel dans l'acte par cela seul qu'il est créancier de l'une des parties ; ce serait aller beaucoup trop loin ; et alors même que par la suite son débiteur se serait libéré envers lui avec la somme provenant de cet acte, l'acte n'en serait pas moins valable et ne pourrait être attaqué en se fondant sur les art. 8 et 68 ; il suffit pour mettre à couvert la responsabilité du notaire qu'il ait ignoré cette destination des fonds au moment de la passation de l'acte (Cassation, 15 avril 1862, D. P. 62, 1, 280).

Notre ancien droit, nous le savons, admettait la possibilité pour les notaires de stipuler au nom d'une partie absente ; cet usage pouvait avoir une certaine utilité; mais aujourd'hui la jurisprudence a rompu complètement avec cette vieille tradition et établi une incompatibilité absolue entre les fonctions notariales et la qualité de partie à un acte même dans l'intérêt d'un tiers (Cassation, 3 août 1847, D. P. 47, 1, 305; Limoges, 11 juillet 1854, D. P. 54, 5, 505; Amiens, 9 avril 1856, D. P. 57, 2, 20; Cassation, 11 juillet 1859, D. P. 59, 1, 401) (1). Un notaire ne pourrait donc rédiger un acte où il figurerait en qualité de mandataire, de tuteur, de syndic d'une faillite, de conseil judiciaire d'un prodigue (Angers, 3 août 1866, D. P. 67, 2, 24), alors même qu'il n'aurait à l'acte aucun intérêt personnel, sans s'exposer à voir cet acte déclaré nul et par suite à engager gravement sa responsabilité. Il ne pourrait pas davantage être partie à l'acte par lui rédigé sous le nom d'un tiers prête-nom ou personne interposée (Orléans, 15 mars 1845, D. P. 49, 2, 97; Orléans, 5 mai 1849, D. P. 49, 2, 113; Douai, 10 février 1851, D. P. 51, 2, 61; Cassation, 20 janvier 1874, D. P. 74, 1, 171); ni sous le nom d'un de ses clercs (Angers, 13 mars 1847, D. P. 47, 2, 80). Quelques difficultés se sont élevées sur la question de savoir si un notaire peut recevoir un compromis où il est nommé arbitre; la jurisprudence se prononce en général pour l'affirmative (Grenoble, 20 décembre 1865, D. P.

---

(1) Voy. sur ce point : Aubry et Rau, *Cours de droit civil français*, VI, § 755, note 12; — Laurent, *Principes de droit civil français*, XIX, n° 109.

66, 2, 163) ; la solution contraire donnée par la Cour de Limoges le 1ᵉʳ juillet 1865 (D. P. 65, 2, 159) nous semble préférable ; le notaire ainsi nommé arbitre, ne devient-il pas en effet partie à l'acte en quelque sorte ?

Nous venons de dire à l'instant qu'un notaire ne pouvait pas figurer comme partie à un acte sous le nom de l'un de ses clercs ; mais remarquons bien qu'en pareil cas l'interposition de personnes doit être prouvée et peut être combattue par tous les moyens ; un clerc n'est jamais en effet de droit présumé interposé par rapport au notaire chez lequel il travaille et on a toujours considéré comme parfaitement valable l'acte où figurerait un clerc du notaire rédacteur, soit comme partie intéressée, soit comme mandataire de la partie intéressée (Lyon, 11 février 1851, D. P. 52, 2, 136).

Faisons enfin remarquer que l'indivisibilité de l'acte quant à la forme entraîne nécessairement la nullité de l'acte tout entier sans qu'il y ait lieu de distinguer entre les dispositions intéressant le notaire et celles ne le concernant pas.

CHAPITRE III.

DE L'OBLIGATION IMPOSÉE AUX NOTAIRES DE PRÊTER LEUR MINISTÈRE LORSQU'ILS EN SONT REQUIS.

(Art. 3 de la loi de ventôse).

Des considérations d'ordre public et d'intérêt général ayant fait admettre la nécessité de la forme authentique pour certains actes, il devait forcément en résulter l'obligation pour les notaires de prêter leur ministère quand ils en seraient requis. Cette disposition de l'art. 3 se trouve sanctionnée d'abord par la possibilité d'une action disciplinaire (art. 53 de la loi de ventôse; circulaire du ministre de la justice du 28 ventôse an XIII) et subsidiairement par une action civile en dommages-intérêts. L'art. 3, à la vérité, ne s'explique pas sur les dommages-intérêts; néanmoins il ne saurait être douteux, en présence du rapport de M. Cailly, que les parties ne puissent exiger une réparation pécunaire du dommage à elles causé par le refus d'instrumenter du notaire. La règle que nous venons de formuler n'est pas toutefois aussi absolue qu'elle paraît l'être; dans le projet soumis au Conseil d'Etat, l'art. 3 se terminait en effet ainsi « à moins d'empêchement légitime »; cette restriction fut jugée superflue et écartée comme évidente; *nemo plus facere debet quam potest*, disait-on ; mais nous n'en devons pas moins tenir compte dans l'explication de cet article.

On est généralement d'accord pour ranger en trois catégories ces cas d'empêchement légitime : 1° le notaire peut se trouver dans l'impossibilité physique ou légale d'instrumenter ; 2° les parties requérantes peuvent être incapables ; 3° l'acte peut être illicite.

1° Il est bien évident que la maladie ou l'absence du notaire sont des causes suffisantes pour le dispenser de prêter son ministère. Aucune difficulté ne peut non plus s'élever s'il est requis par exemple d'instrumenter hors de son ressort (art. 6), ou par un de ses parents ou alliés au degré prohibé (art. 8). Le refus de la partie requérante de consigner les droits d'enregistrement serait aussi une juste cause de refus de ministère (art. 29 de la loi du 22 frimaire an VII). Mais on s'est demandé si un notaire requis de prêter son ministère un dimanche ou un jour de fête légale pouvait s'y refuser. Pour nous l'affirmative n'est pas douteuse, les cas d'urgence exceptés bien entendu ; cette solution nous paraît nécessairement résulter de la combinaison des art. 1er de la loi du 25 ventôse an XI et 57 de la loi du 18 germinal an X ; elle a été admise par la Cour de Colmar le 23 mai 1834 (D. P. 34, 2, 15).

2° L'incapacité des parties peut également justifier le refus du notaire et par suite le mettre à l'abri de toute action en responsabilité. Néanmoins nous devons à ce propos distinguer avec soin les incapacités absolues des incapacités relatives : supposons par exemple qu'un interdit en état de démence ou de fureur vienne requérir le ministère d'un notaire; que devra faire ce dernier? s'abstenir, cela ne saurait être douteux (Bordeaux 3 août 1841, D. P. 42, 2, 14); en agissant autrement sa responsabilité pourrait même se trouver gravement engagée (Aix, 23 avril 1847, D. P. 47, 2,188). — Mais que décider si ce même interdit, dans un intervalle lucide cette fois, venait de nouveau demander à ce notaire d'instrumenter pour lui. Le notaire serait-il encore en droit de lui refuser son concours? Nous ne le pensons pas. L'acte fait par un interdit dans un intervalle lucide n'est pas en effet inexistant, il est simplement annulable sur la demande de ses représentants (C. C. art. 1125 et 1304); aussi, théoriquement du moins, croyons-nous que le devoir du notaire dans cette hypothèse est de déférer purement et simplement à la réquisition de l'incapable qui lui demande de l'aider de ses conseils.

3° Enfin le refus du notaire serait encore pleinement justifié si on requérait son ministère pour des actes défendus par la loi ou contraires aux bonnes mœurs ou à l'ordre public; nous pouvons citer comme tels la vente d'une succession future (C. C. art. 1130 et 1600), l'établissement d'une servitude imposée à la personne ou en faveur de la personne (C. C. art. 686), etc.

CHAPITRE IV.

DE LA RÉCEPTION DES ACTES NOTARIÉS PAR UN NOTAIRE, ASSISTÉ D'UN NOTAIRE EN SECOND OU DE DEUX TÉMOINS INSTRUMENTAIRES.

SECTION PREMIÈRE.

De la réception des actes notariés d'après l'art. 9 de la loi de ventôse.

« Les actes seront reçus par deux notaires, ou par un notaire assisté de deux témoins, etc. », nous dit l'art. 9; cette disposition est au nombre de celles que l'art. 68 sanctionne par la nullité et les dommages-intérêts. — Que fallait-il entendre par ces mots : « Les actes seront reçus? » Jusqu'à la loi du 21 juin 1843, la pratique constante du notariat les avait interprétés en ce sens que, hors le cas de disposition testamentaire, la signature du notaire en second ou des témoins pouvait être donnée après coup et en l'absence des parties. Dans notre ancienne juriprudence, les actes notariés devaient être également reçus par deux notaires ou par un notaire assisté de deux témoins (Ordonnances de Louis XII, de mars 1498; de François Ier, de décembre 1543; Coutumes de Sens, art. 245; du Poitou, art. 382 et 383; d'Auxerre, art. 134; d'Angoumois, art. 37, etc); mais les arrêts de réglement avaient toujours entendu ces dispositions d'une façon large et bienveillante: on n'exigeait pas la présence

effective du second notaire ou des deux témoins à la
rédaction et à la lecture de l'acte, et pourvu que leurs
signatures se trouvassent à côté de celles du notaire
et des parties au bas de l'acte, ce dernier était parfaitement valable et à l'abri de toute attaque. Ces
arrêts de réglement étaient encore en vigueur au
moment de la rédaction de la loi de ventôse ; les législateurs de l'an XI n'en ignoraient pas l'existence et il
est permis de croire que s'ils avaient voulu y déro-
ger, ils se seraient expliqué formellement sur ce
point. Mais non ; bien loin de vouloir renoncer à cette
vieille pratique, ils prennent le soin de déclarer que
leur intention en écrivant l'art. 9 n'a pas été d'inno-
ver, d'introduire dans la législation du notariat une
disposition nouvelle ; et tout en se rendant bien
compte qu'au fond cette signature donnée après coup
est une pure formalité, on la maintient cependant,
espérant qu'elle pourra dans certaines circonstances,
prévenir l'ignorance ou empêcher la méchanceté (1).
Cette interprétation fut admise pendant de longues
années par la Cour de Cassation ; arrêts des 15 juillet 1825 et 6 août 1833 (D. A. v° *Obligations*, n° 3248) ;
mais en 1841, la Cour suprême, appelée de nouveau
à se prononcer sur la question abandonna son ancienne jurisprudence ; il s'agissait dans l'espèce d'un

---

(1) L'exposé des motifs de la loi du 21 juin 1843, par le
ministre de la justice, et le rapport de M. Dupin sont formels pour déclarer que l'ancienne interprétation de l'article 9 était conforme à l'esprit de la loi de ventôse.

acte de donation entre vifs par lequel une demoi-selle Papin, avait donné certains biens aux époux Audebert; cet acte avait été reçu par un notaire puis signé après coup par deux témoins. Après la mort de la donatrice, ses héritiers attaquèrent la donation par elle faite, en se fondant sur ce que l'acte n'avait pas été véritablement reçu en présence des deux témoins; repoussés en première instance, puis en appel, ils finirent enfin par triompher en cassation le 25 janvier 1841 (D. A. v° *Obligations*, n° 3249). Le 1er juin 1842, la Cour de Cassation alla même plus loin et décida que le notaire en second ou les deux témoins devaient avoir été présents non seulement à la lecture et à la signature de l'acte, comme l'avait décidé l'arrêt du 25 janvier 1841, mais encore aux explications et discussions préliminaires comme étant la vraie manifestation de la volonté des parties. — Ces arrêts, on le conçoit, causèrent une vive émotion dans le monde des affaires, tous les actes notariés ou à peu près, se trouvaient menacés d'annulation par suite de ce revirement dans la jurisprudence; aussi le gouvernement crut-il devoir intervenir et présenter aux Chambres une loi interprétative de l'art. 9.

SECTION II.

De la réception des actes notariés d'après la loi du 21 juin 1843.

La loi du 21 juin 1843 est venue mettre un terme aux alarmes bien légitimes, aux craintes bien justi-

fiées qu'avait fait naître la nouvelle jurisprudence de
la Cour de Cassation. Elle commence d'abord par
rassurer les détenteurs d'actes notariés passés con-.
formément à l'ancienne jurisprudence ; ces actes
porte l'art. 1er « ne peuvent être annulés, par le
motif que le notaire en second, ou les deux témoins
instrumentaires, n'auraient pas été présents à leur
réception. » Puis statuant pour l'avenir, elle établit
deux catégories bien distinctes d'actes notariés :
1o les actes ordinaires qui continuent à être régis par
l'art. 9 de la loi de ventôse expliqué par l'art. 1er de
la loi nouvelle (art. 3); — 2o les actes contenant donation entre vifs, donation entre époux pendant le
mariage, révocation de donation ou de testament,
reconnaissance d'enfant naturel et les procurations
pour y consentir qui doivent être rédigées avec certaines formalités spécialement déterminées ; pour tous
ces actes, mais pour ceux-là seulement, la présence
réelle du notaire en second ou des deux témoins est
requise au moment de la lecture de l'acte par le
notaire et de la signature des parties; elle doit de
plus être mentionnée à peine de nullité (art. 2). Cette
mention n'a évidemment rien de sacramentel; aussi
la Cour de Toulouse a-t-elle décidé à deux reprises
(arrêts des 25 juillet 1863 et 1er avril 1868, D. P. 63,
2, 139 ; 68, 2, 119) que la présence du second notaire
ou des témoins à la lecture et à la signature de l'acte
pouvait s'induire des énonciations de l'acte lui-même,
à condition toutefois que ces énonciations fussent pré-

cises et de nature à ne laisser aucune prise au doute. La jurisprudence de la Cour de Cassation est aussi dans ce sens ; arrêts des 7 décembre 1846 (D. P. 47, 1, 40) ; 8 novembre 1848 (D. P. 48, 1, 231) ; 28 novembre 1849 (D. P. 50, 1, 46), etc.

Remarquons enfin qu'aucune modification n'est apportée par la loi de 1843 aux règles du Code civil sur les testaments (art. 4).

SECTION III.

Des conditions requises pour pouvoir être notaire en second ou témoin instrumentaire dans un acte notarié.

(Art. 9 et 10 de la loi de ventôse).

Pour pouvoir être notaire en second dans un acte notarié, il faut : avoir le droit d'instrumenter dans la localité où le notaire en premier exerce son ministère ; n'être ni parent ni allié au degré prohibé par l'art. 8 soit du notaire rédacteur de l'acte, soit des parties (art. 10) ; n'avoir aucun intérêt à l'acte.

En ce qui concerne la capacité des témoins instrumentaires, ils doivent, d'après l'art. 9, être citoyens français, savoir signer et être domiciliés dans l'arrondissement communal où l'acte est passé ; et d'après l'art. 10 n'être ni parents ni alliés au degré prohibé par l'art. 8 soit du notaire, soit des parties contractantes, ni leurs clercs, ni leurs serviteurs. Tout acte fait en contravention à ces deux articles est nul comme acte authentique et expose le notaire contrevenant à une action en dommages-intérêts (art. 68). — La première condition pour être témoin dans un acte notarié c'est d'être citoyen français, c'est-à-dire mâle, majeur de vingt et un ans, jouissant des droits civils et politiques et en ayant l'exercice. En conséquence sont incapables d'être témoins : 1° Les étrangers, alors même qu'ils auraient été admis par l'autorisation du gouvernement à établir leur domicile en France (C. C. art. 13); les Français ayant perdu leur qualité de Français pour l'une des causes énumérées dans l'art. 17 du Code Civil ; — 2° les individus condamnés à une peine afflictive ou infamante, (art. 28 et 34, 3° du Code Pénal); ceux qui ont été privés par les tribunaux correctionnels du droit d'être employés comme témoins dans les actes, art. 42, 7° du Code pénal, les individus en état de contumace, (art. 465 du Code d'Instruction Criminelle); les faillis non réhabilités, (art. 5 de la Constitution du 22 frimaire an VIII). Depuis la Constitution de 1848, la loi du 15 mars 1849 et le décret organique du 2 février 1852, les serviteurs à gage peuvent être témoins dans un acte notarié; sous l'empire de la Constitution de l'an VIII, l'exercice de leurs droits politiques étant suspendu, ils ne pouvaient être témoins instrumentaires.

La seconde condition pour être témoin c'est de savoir signer; rien de particulier à dire sur ce point.

Les témoins doivent en troisième lieu être domiciliés dans l'arrondissement communal. Que faut-il entendre par ces mots : arrondissement communal? Le législateur en s'exprimant de la sorte a voulu désigner non la circonscription de la commune ou du canton où l'acte est passé, mais celle de la sous-préfecture et du tribunal de première instance. Cette interprétation ressort de l'art. 8 de la loi du 28 pluviôse an VIII et de l'art. 6 de la loi du 27 ventôse an VIII.

Enfin les témoins ne .doivent pas être parents ou alliés du notaire ou des parties au degré prohibé ou avoir à l'acte un intérêt personnel. Les clercs de notaire, les serviteurs du notaire ou des parties ne peuvent pas non plus être pris comme témoins. Mais rien ne s'oppose à ce que deux parents, même au degré prohibé par l'art. 8, deux frères par exemple, soient témoins dans le même acte. « Nihil nocet, » disaient les Institutes, § 8, *De testamentis ordinandis*, « ex una domo plures testes alieno negotio « adhiberi. » (Voyez aussi Larombière, *Théorie et pratique des obligations*, IV, art. 1317, n° 19). Les travaux préparatoires de la loi de ventôse nous disent cependant que « les deux témoins ne doivent pas même être parents entre eux. » Mais comme en somme ni l'art. 9 ni l'art. 10 n'ont reproduit cette prohibition, nous ne croyons pas qu'il y ait lieu d'en tenir compte.

Que déciderons-nous maintenant si on a appelé comme témoin à un acte notarié un individu, qui d'après l'opinion commune, réunissait toutes les

quálités éxigées par la loi, alors qu'en réalité il en
était dépourvu ; le notaire devra-t-il être responsable?
La jurisprudence décide par application du principe : « Error communis facit jus (1) » que l'acte auquel cet individu a concouru n'en doit pas moins produire tous ses effets, ce qui met par suite à l'abri la
responsabilité du notaire. (Cassation, 6 mai 1874
Rev. Not. 1875, n° 4805; Paris, 24 avril 1882, Rev.
Not. 1882, n° 6509).

SECTION V.

**De la responsabilité civile que peuvent encourir le notaire
en second ou les témoins instrumentaires.**

Lors de la discussion de la loi de 1843, un membre
de la Chambre des pairs avait demandé qu'une disposition spéciale de la loi nouvelle réglât la responsabilité du notaire en second et des témoins instrumentaires ; mais on fit observer, non sans quelque
raison « que la Chambre n'était pas appelée à faire
une loi sur la responsabilité des notaires, mais seulement une loi sur la forme des actes notariés ; qu'on
devait donc laisser en dehors, parfaitement intácte
et toujours soumise à l'appréciation des tribunaux,
la question de savoir si les circonstances devaient

---

(1) Cette maxime a été souvent appliquée par les jurisconsultes romains. Voy. notamment le § 7 aux Institutes,
De testamentis ordinandis; le frag. 3, *De officio prætorum*
(Dig. I, 14); les C. 1, *De testamentis* et 2, *De sententiis et
interlocutionibus* (Cod. VII, 45).

faire admettre ou repousser la responsabilité du notaire en second ou des témoins instrumentaires, »
et ne donnât pas suite à cette demande. — La
question se pose donc aujourd'hui, comme antérieurement à la loi de 1843, de savoir si la responsabilité du second notaire peut se trouver engagée par
le seul fait d'avoir apposé sa signature au bas d'un
acte ? Il faut, selon nous, faire une distinction. En
ce qui concerne les actes notariés de la première
catégorie, la non responsabilité du second notaire
nous semble incontestable ; les habitudes du notariat veulent en effet qu'il signe les actes dressés par
son collègue sans les lire, sans en prendre connaissance (Grenoble 28 juillet 1865, D. P. 65, 2, 205).
Mais il ne saurait en être de même relativement aux
actes de la seconde catégorie ; le notaire en second
doit assister à leur lecture aux parties et à leur signature, il y participe donc dans une certaine mesure et dès lors il doit être responsable comme le
notaire instrumentaire ; mais les deux notaires en
cette circonstance doivent-ils être responsables soli-
dairement des dommages-intérêts. Sur ce point deux
opinions en présence : d'après certains auteurs, la
solidarité ne se présumant pas (C. C. art. 1202) et
l'art. 55 du Code Pénal ne pouvant s'appliquer aux
quasi-délits, la solution négative est la seule possible (1) ; d'après d'autres au contraire « l'indivisibi-

____

(1) En ce sens : Duranton, *Cours de droit français*, XI,

lité des actes dommageables commis par plusieurs personnes, l'impossibilité de distinguer la part que chacune d'elles y a prise, doivent produire les mêmes effets par rapport à la manière dont elles seront tenues de la réparation soit que le fait constitue un délit civil proprement dit, soit qu'il constitue un quasi-délit (1). » Ne faudrait-il pas plutôt voir dans cette participation à une faute commune un cas d'obligation *in solidum*. « Si plures in eodem cœna- « culo habitent, unde dejectum est, in quemvis hæc « actio dabitur; cum sane impossibile est scire, quis « dejecisset, vel effudisset : et quidem in solidum. » (Frag. 1, § 10; frag. 2 et 3, *De his, qui effuderint vel dejecerint*, Dig. IX, 3). Pourquoi n'en serait-il pas de même dans le cas qui nous occupe.

---

n° 194; — Toullier, *Droit civil français*, XI, n°ˢ 151 et suiv.

(1) Sourdat, *Traité général de la responsabilité*, I, liv. 2, chap. 3.

CHAPITRE V.

DES TÉMOINS CERTIFICATEURS.

(Art. 11 de la loi de ventôse).

Aux termes de l'art. 11 « le nom, l'état et la demeure des parties devront être connus des notaires, ou leur être attestés dans l'acte par deux citoyens connus d'eux, ayant les même qualités que celles requises pour être témoin instrumentaire. » La contravention à notre article n'est pas visée dans l'art. 68; elle n'entraîne donc pas la nullité de l'acte; mais peut-elle permettre d'intenter contre le notaire contrevenant une action en dommages-intérêts? La jurisprudence décide l'affirmative en se fondant sur le principe général de l'art. 1382; voy. en ce sens Cassation, 20 janvier 1852 (D. P. 52, 1, 59); Riom, 11 janvier 1859 (D. P. 59, 2, 132). Ce serait donc une grave imprudence pour un notaire que de ne pas se conformer à cette prescription de la loi. — Le but de cette disposition est fort sage; on a voulu par là empêcher des fraudes et prévenir les suppositions de personnes qui n'auraient pas manqué de se produire si le notaire eut été obligé de déférer à la réquisition du premier individu venu; mais elle doit être rigoureusement restreinte à ses termes : exiger davantage serait souvent en effet demander l'impossible. Le notaire devra donc se faire attester,

s'il ne connaît pas les parties, leur nom, leur demeure
et leur état, c'est-à-dire leur profession ; mais là
s'arrêtent ses obligations ; ainsi il n'est pas tenu de se
faire attester les prénoms des parties, leur âge, leur
capacité, leurs qualités. Ces deux derniers points mé-
ritent quelques développements. D'abord quant à la
capacité, un notaire est sans doute tenu en conscience
d'avertir ses clients des incapacités qui peuvent
exister chez eux ; mais en somme c'est à chaque partie de s'assurer de la capacité de son cocontractant,
car *nemo ignarus esse debet conditionis ejus cum
quo contrahit.* Un notaire ne saurait donc être responsable de la nullité d'un acte provenant de l'incapacité de l'une des parties ; à moins bien entendu qu'il
ne se fut rendu coupable de dol ou de fraude envers
l'incapable, auquel cas sa responsabilité se trouverait
au contraire gravement engagée. — Relativement aux
qualités que peuvent prendre ou cacher les parties,
même décision : le notaire n'en est pas responsable.
Dans un acte de vente, le notaire rédacteur avait omis
d'interpeller le vendeur sur la question de savoir s'il
était marié ; l'acheteur ignorant cette qualité de son
vendeur paya entre les mains de ce dernier sans
avoir pris la précaution de procéder à la purge de
l'hypothèque légale qui grevait l'immeuble aliéné.
Plus tard actionné par la femme de son vendeur, il
voulut se retourner contre le notaire et l'assigna en
dommages-intérêts ; mais par arrêt du 24 juillet 1856,
la Cour d'Orléans repoussa cette prétention en se fon-

dant précisément sur ce que la loi de ventôse n'obligeait pas les notaires à se faire attester les qualités des parties (D. P. 57, 2, 17). Néanmoins la Cour de cassation a consacré la doctrine contraire (arrêt du 11 août 1857, D. P. 58, 1, 135); et c'est cette dernière jurisprudence, il faut le reconnaître, que l'on observe d'habitude dans la pratique. — Il n'y aurait pas lieu à se conformer à l'art. 11, si l'une des parties contractantes étant connue du notaire certifiait auprès de ce dernier l'individualité de l'autre partie (D. A. v° *Responsabilité*, n° 403); une clause formelle insérée dans l'acte sera toujours une bonne précaution en pareille circonstance.

Les témoins certificateurs doivent réunir les qualités exigées des témoins instrumentaires, être connus du notaire et offrir des garanties suffisantes de moralité et de sincérité (Paris, 29 janvier 1847, D. P. 47, 4, 425) ; mais ils peuvent être parents de la partie inconnue. La prohibition de l'art. 10 ne se comprendrait pas du reste, quant aux témoins certificateurs ; quel témoignage en effet, comme le fait observer Rolland de Villargues (*Répertoire de la jurisprudence du notariat*, v° *Individualité*, n° 5), pourrait avoir plus de poids que celui des parents de la partie dont il s'agit d'attester l'individualité.

CHAPITRE VI.

SECTION PREMIÈRE.

De la forme des actes notariés.

(Art. 13, 15 et 16 de la loi de ventôse).

« Les actes des notaires, nous dit l'art. 13, seront écrits en un seul et même contexte, lisiblement, sans abréviation, blanc, lacune, ni intervalle... Ils énonceront en toutes lettres les sommes et les dates... » L'inobservation de ces formalités est punie d'une amende de vingt francs (art. 10 de la loi du 16 juin 1824) ; nous n'y insisterons donc pas, la responsabilité du notaire ne pouvant en effet se trouver engagée, puisque l'acte n'en sera pas moins valable et authentique. Mais devrions-nous adopter la même solution si l'acte avait été rédigé en langue étrangère ? La loi de ventôse ne s'explique pas à ce sujet ; nous n'hésitons pas cependant à croire avec la jurisprudence (Cassation, 4 août 1859, D. P. 59, 1, 453) et de nombreux auteurs (1) que les actes notariés doi-

---

(1) En ce sens : Aubry et Rau, *op. cit.*, VIII, page 204;— Bonnier, *Traité théorique et pratique des preuves*, II, n° 488 ; — Clerc, *op. cit.*, II, n°ˢ 1685 et suiv. ; Larombière, *op. cit.*, IV, art. 1317, n° 33 ; — Laurent, *op. cit.*, XIX,

vent être nécessairement écrits en langue française. Sans vouloir invoquer à l'appui de cette opinion les textes de notre ancien droit, il nous semble que la loi du 2 thermidor an II et l'arrêté du 24 prairial an XI, ne peuvent laisser place à aucun doute. Un notaire serait donc très imprudent en consentant à rédiger un acte en langue étrangère; il s'exposerait en effet à voir cet acte déclaré nul et par suite à être actionné en dommages-intérêts.

L'art. 15 est relatif aux renvois et apostilles ; les uns et les autres doivent, à peine de nullité, être signés ou paraphés tant par les notaires que par les autres signataires ; néanmoins, si la longueur du renvoi exige qu'il soit transporté à la fin de l'acte, une approbation spéciale et expresse des parties est indispensable. En cas de contravention, l'acte n'en demeure pas moins valable pour le surplus; mais le renvoi étant frappé de nullité, le notaire, peut être de ce chef soumis aux dommages-intérêts des parties (Caen, 18 juillet 1854, D. P. 55, 2, 392). — Le législateur n'ayant fait aucune distinction, le renvoi placé en marge et simplement revêtu du paraphe des parties est valable, alors même que ce renvoi serait d'une haute importance et renfermerait une clause complètement distincte; ainsi jugé et avec

---

nº 115. *Contra* : Grenier, *Des donations*, I, nº 255 *bis*; — Rolland de Villargues, *Répertoire de la jurisprudence du notariat*, vº *Langage des actes*, nº 12, et un arrêt de Cassation du 22 janvier 1879 (Rev. Not. 1879, nº 5846).

raison par la Cour de Poitiers, le 24 novembre 1881
D. P. 82, 2, 131).

Enfin l'art. 16 s'occupe des surcharges, interlignes
et additions dans le corps de l'acte pour les prohiber
de la façon la plus absolue et prononcer la nullité des
mots surchargés, interlignés ou ajoutés ; il s'occupe
également des ratures : les mots rayés doivent être
comptés et approuvés de la même manière que les
renvois, sinon on les considérerait comme faisant
toujours partie de l'acte. L'infraction aux prescriptions de cet article est punie d'une amende de dix
francs, de la condamnation possible du notaire aux
dommages-intérêts des parties et même de destitution en cas de fraude.

SECTION II.

Des énonciations que ces actes doivent contenir.

(Art. 12, 13 et 14 de la loi de ventôse).

« Tous les actes notariés doivent énoncer les nom
et lieu de résidence du notaire qui les reçoit, à peine
de vingt francs d'amende contre le notaire contrevenant. » Une amende, telle est l'unique sanction du
premier alinéa de l'art. 12 ; l'acte n'en est pas moins
valable et par suite la responsabilité du notaire ne
peut se trouver engagée.

Mais il en serait autrement en cas d'infraction au
second alinéa de notre article. « Ils (les actes notariés) doivent également énoncer les noms des té-

moins instrumentaires, leur demeure... sous les peines prononcées par l'art. 68 ci-après, et même de faux, si le cas y échoit » ; or, l'art. 68, comme nous le savons, prononce la nullité de l'acte et, s'il y a lieu, les dommages-intérêts contre le notaire. Cette sanction est fort rigoureuse ; nous devons donc nous en tenir exclusivement aux termes de la loi : ainsi l'omission des prénoms des témoins instrumentaires, celle de leurs qualités ou professions n'entraîneront pas la nullité de l'acte ; mais l'énonciation du nom patronymique des témoins, celle de leur demeure, c'est-à-dire de leur domicile, du lieu où le témoin a son principal établissement (C. C., art. 102), est indispensable. (Nîmes, 22 avril 1857, D. P. 58, 2, 7). — Le notaire en second n'a pas besoin d'être nommé toutes les fois que sa présence effective n'est pas nécessaire ; on se contente de le désigner sous le nom de collègue. Mais le nom du notaire en second doit être indiqué dans tous les actes exigeant la présence réelle, dans les actes respectueux, les donations, les testaments, etc.

Les actes doivent aussi énoncer les noms, prénoms, qualités et demeures des témoins certificateurs (article 13). On ne peut guère s'expliquer pourquoi la mention des prénoms et qualités est ici exigée alors que pour les témoins instrumentaires elle n'est pas requise. L'infraction à cette disposition entraîne du reste simplement une amende contre le notaire.

De même les noms, prénoms, qualités et demeures

des parties. Nous avons déjà expliqué ce qu'il fallait entendre par partie dans un acte; nous n'y reviendrons donc pas. Nous connaissons également le sens du mot qualité ; ce n'est pas, comme on pourrait le croire, la position des parties au point de vue de leur état civil, mais bien leur profession qui doit être mentionnée (C. C., art. 73).

Le lieu où l'acte est passé doit être mentionné à peine de nullité (art. 12). On comprend facilement le but de cette mention; elle permet de s'assurer si le notaire a instrumenté dans son ressort et par suite s'il avait la compétence voulue pour recevoir l'acte. Il n'est pas indispensable d'indiquer le *locus loci*, la maison où l'acte a été passé ; il suffit d'énoncer la ville ou la commune.

La date de la réception de l'acte, c'est-à-dire l'année, le mois et le jour de sa confection, doit de même être énoncée. Il est à remarquer que l'art. 12 ne parle pas du mois; ce ne peut être évidemment que par suite d'une inadvertance du législateur ; toutefois l'omission du mois ne devrait pas entraîner la nullité de l'acte s'il était possible d'y suppléer d'une autre manière. L'indication de l'heure, du jour de la semaine n'est pas nécessaire, quoiqu'en certains cas elle puisse être utile.

L'acte doit être lu aux parties et mention être faite de cette lecture (art. 13). Cette formalité n'est pas prescrite à peine de nullité dans les actes ordinaires ; mais quant aux actes énumérés dans l'art. 2 de la loi du 21 juin 1843, le défaut de mention de la lecture en présence du notaire en second ou des deux témoins en entraînerait la nullité. La lecture de l'acte doit être faite par le notaire lui-même dans ce dernier cas ; elle peut l'être au contraire par l'un de ses clercs dans le premier.

Enfin l'acte doit être signé par les parties, les témoins et les notaires, et mention de ces signatures être faite (art. 14), à peine de nullité (art. 68). Mais postérieurement à la loi de ventôse, un avis du Conseil d'Etat du 20 juin 1810, avis ayant force de loi (art. 11 du règlement du 5 nivôse an VIII) est venu décider, d'après l'esprit de la loi et par argument d'un arrêté du 5 prairial an XI, « que la peine de nullité ne devait être appliquée qu'au défaut de mention de la signature soit des parties, soit des témoins, et ne devait pas être appliquée au défaut de la mention de la signature des notaires qui ont reçu l'acte. » Aucune difficulté ne peut donc plus s'élever aujourd'hui sur ce point. — Il peut se faire que les parties ne sachent ou ne puissent signer ; le notaire doit alors mentionner à la fin de l'acte leurs déclarations à cet égard ; le défaut de mention entraînerait la nullité de l'acte et rendrait le notaire responsable ; mais il ne répond pas, on le comprend facilement, de la sincérité des déclarations.

SECTION III.

De l'annexe des procurations et autres pièces.

(Art. 13 de la loi de ventôse).

« Les procurations des contractants seront annexées à la minute, à peine de vingt francs d'amende contre le notaire contrevenant, » nous dit l'art. 13 *in fine*. Cette disposition se justifie d'elle-même ; mais quoique la contravention à cette prescription de la loi ne tombe pas sous le coup de l'art. 68, il se pourrait pourtant que la responsabilité du notaire fut engagée en vertu de l'art. 1382 ; si par exemple le mandataire se trouvait plus tard désavoué par le mandant et dans l'impossibilité de prouver son mandat. — Indépendamment des procurations, bien d'autres pièces peuvent être annexées aux minutes d'un notaire ; mais c'est, en général, une simple faculté et non une obligation pour lui.

Le notaire doit veiller à la conservation de ces annexes comme à ses minutes mêmes ; en cas de perte, il en serait responsable. (Colmar, 17 décembre 1861, D. P. 62, 2, 42).

CHAPITRE VII.

DE L'ENREGISTREMENT DES ACTES NOTARIÉS ET DE LA RES-
PONSABILITÉ QUE PEUVENT ENCOURIR LES NOTAIRES A
CETTE OCCASION.

(Art. 29 et 33 de la loi du 22 frimaire au VII; art. 13 de la loi
du 16 juin 1824).

Tout acte notarié doit être enregistré dans un certain délai; l'accomplissement de cette formalité figure au nombre des obligations imposées aux notaires et une double responsabilité peut en résulter pour eux : 1° envers le Trésor; 2° envers les parties.

1. — « Les droits des actes à enregistrer, dit l'art. 29 de la loi du 22 frimaire an VII, seront acquittés par les notaires, pour les actes passés devant eux. » L'administration de l'Enregistrement a une action personnelle contre le notaire ; mais il ne suit pas de là que le notaire soit véritablement débiteur du droit, car c'est uniquement dans le but de faciliter et d'accélérer la perception de l'impôt que la loi a accordé au Trésor cette action directe. Le notaire sans doute est tenu « d'acquitter » les droits d'enregistrement, mais c'est en définitive aux parties de les « supporter ». Le notaire acquitte ces droits à titre d'avance : aussi l'art. 30 lui permet-il de prendre exécutoire du juge de paix de son canton pour se faire rembourser: bien plus, il peut exiger

de ses clients la consignation préalable des frais d'enregistrement pour couper court à toute difficulté ultérieure. — Si l'acte n'a pas été enregistré dans les délais prescrits, le notaire rédacteur est alors tenu de payer personnellement et sans recours contre les parties, une amende de dix francs ou une somme égale au montant du droit suivant que l'acte était soumis à un droit fixe ou à un droit proportionnel; et tenu, en outre, mais alors sauf son recours contre les parties, du paiement des droits (art. 33).

Les testaments (1) reçus par un notaire doivent être présentés à l'enregistrement par les héritiers et légataires, leurs tuteurs et curateurs et les exécuteurs testamentaires (art. 29, *in fine*). Le notaire n'est donc responsable ni des droits d'enregistrement, ni du double droit en cas d'enregistrement tardif.

Les notaires peuvent encore, en matière d'enregistrement, encourir une autre responsabilité envers le Trésor. L'art. 13 de la loi du 16 juin 1824, modifiant l'art. 41 de la loi de frimaire (2), porte en effet :

----

(1) La loi de frimaire parle des « testaments et autres actes de libéralité à cause de mort », c'est-à-dire des donations à cause de mort. Le Code Civil ayant supprimé cette manière de disposer (art. 893), la disposition finale de notre art. 29 se trouve par suite implicitement abrogée.

(2) L'art. 13 de la loi du 16 juin 1824 se termine ainsi : « Il est dérogé à cet égard seulement à l'art. 41 de la loi du 12 décembre 1798 (22 frimaire an VII); » — mais en réalité cette dérogation s'applique à l'art. 42 et non à l'art. 41.

« Les notaires pourront faire des actes en vertu et
par suite d'actes sous seing-privé non enregistrés, et
les énoncer dans leurs actes, mais sous la condition
que chacun de ces actes sous seing-privé demeurera
annexé à celui dans lequel il se trouvera mentionné,
qu'il sera soumis avant lui à la formalité de l'enregistrement et que les notaires seront personnellement responsables non seulement des droits d'enregistrement et de timbre, mais encore des amendes
auxquelles ces actes sous seing-privé seront assujettis. » La loi de frimaire défendait aux notaires de
rédiger un acte en vertu d'un acte sous seing-privé
non enregistré ; la loi de 1824 est venue corriger ce
que cette prohibition pouvait avoir d'excessif et de
gênant pour les parties, mais sans modifier toutefois
la disposition de l'article 41 relative aux actes passés
en pays étranger. (Cassation, 8 mai 1882, D. P. 82,
1, 425). — L'administration de l'Enregistrement n'a
plus relativement aux actes sous seing-privé annexés
une action personnelle et directe contre le notaire ;
ce dernier est simplement responsable, c'est-à-dire
caution. En conséquence la partie débitrice principale des droits devra être au préalable discutée
dans ses biens selon la forme réglée au titre du
Code Civil *Du Cautionnement* (art. 2021 et suiv.),
si le notaire requiert cette discussion ; mais en cas
d'insuffisance des biens du débiteur principal, le
notaire, débiteur accessoire, sera alors tenu du paiement des droits. (Trib. de Chaumont, 1ᵉʳ août 1844.

D. P. 45, 3, 99; Cassation, 15 décembre 1846,
D. P. 47, 1, 31) (1).

II. — La responsabilité du notaire quant à l'enregistrement peut aussi exister à l'égard des parties.
D'après la loi des 5-19 décembre 1790, art. 9, à
défaut d'enregistrement dans les délais fixés, un
acte passé devant notaire ne pouvait valoir que
comme acte sous signature privée. On comprend
sans peine l'immense préjudice qui pouvait résulter
de cette omission pour les parties et par suite
l'étendue de la responsabilité du notaire. Mais il
n'en n'est plus de même aujourd'hui; la loi de
frimaire, comme nous l'avons vu (art. 33), ne fait
plus dépendre l'authenticité d'un acte de son enregistrement; aussi les cas de responsabilité notariale
basés sur l'infraction à la loi de l'enregistrement
sont-ils devenus assez rares; mais si, par exemple,
un conservateur des hypothèques se refusait, comme
c'est du reste son droit et son devoir, de transcrire
sur ses registres un acte de vente notarié non enregistré et que, dans l'intervalle nécessaire à l'accomplissement de cette formalité, un second acte de
vente, passé chez un autre notaire, par le même
vendeur avec un acheteur différent et enregistré fut
transcrit, comme en définitive ce second acheteur
serait seul propriétaire, le notaire, auteur involon-

---

(1) Voir pour plus de développements sur toutes ces
questions : G. Demante, *Principes de l'enregistrement,*
n°s 790 et suiv,

faire sans doute, mais enfin auteur du dommage éprouvé par le premier acheteur, pourrait être déclaré responsable.

Nous venons de voir que le législateur avait jugé nécessaire d'imposer aux notaires l'obligation de faire enregistrer leurs actes ; les autres formalités destinées à en assurer l'exécution rentrent-elles également dans les obligations professionnelles du notaire ? Une jurisprudence constante parfaitement établie et admise par tous les auteurs (1) décide la négative ; ainsi le notaire n'est pas tenu de faire inscrire l'hypothèque consentie pour garantir le remboursement d'une somme prêtée (Cassation, 14 juillet 1847, D. P. 47, 1, 350) ; ni le privilège destiné à conserver les droits des copartageants sur un bien licité (Cassation, 14 février 1855, D. P. 55, 1, 170) ; de faire transcrire une donation (Riom, 7 décembre 1848, D. P. 49, 2, 55), alors même qu'elle serait contenue dans un contrat de mariage (Rouen, 24 novembre 1852, D. P. 54, 2, 75), ou un acte de vente (Paris, 28 juillet 1851, D. P. 52, 2, 145 ; Lyon, 13 août 1852, D. P. 53, 2, 94 ; Aix, 10 août 1870, D. P. 73, 2, 204), ou une adjudication (Trib. de Saint-Etienne, 28 janvier 1882, Rev. Not. 1882, n° 6529) ; de pourvoir à la purge hypothécaire (Paris, 26 juin 1852, D. P. 53, 2, 94), etc. Mais les parties peuvent constituer le notaire leur

---

(1) Voy. en particulier : Laurent, *Principes de droit civil français*, XX, n° 512.

mandataire à l'effet de prendre cette inscription, de faire faire cette transcription ; ce mandat peut être exprès ou tacite. Comment, dans ce dernier cas, l'existence du mandat pourra-t-elle être prouvée? C'est là un point sur lequel nous aurons bientôt l'occasion de revenir.

CHAPITRE VIII.

DE LA CONSERVATION ET DE LA COMMUNICATION DES MINUTES ; DE LA DÉLIVRANCE DES EXPÉDITIONS ET GROSSES.

On appelle *minute* (*instrumentum litteris minusculis scriptum*), l'original d'un acte reçu par un notaire ; — *expédition*, une copie de la minute ; — *grosse* (*instrumentum litteris grossis scriptum*), une expédition revêtue de la formule exécutoire.

« Les notaires, nous dit l'art. 20, seront tenus de garder minute de tous les actes qu'ils recevront. » Cette obligation imposée aux notaires se trouve sanctionnée par l'art. 68 ; à ce titre donc, elle doit nous occuper quelques instants. — Le plus grand soin, la plus grande vigilance doivent être apportés par les notaires à la conservation de leurs minutes ; car ils encourraient une grave responsabilité si, par leur faute ou leur négligence, une ou plusieurs d'entre elles se trouvaient détruites ou perdues ; mais si cette destruction, cette perte provenaient d'un cas fortuit ou d'une force majeure, ils ne sauraient en être responsables, cela est bien certain. Pour éviter autant que possible les chances de perte ou de destruction des minutes, il est absolument interdit aux notaires de s'en dessaisir, si ce n'est dans les cas prévus par la loi, ou en vertu d'un jugement ; l'art. 22 de la loi de ventôse, second alinéa, règle les formalités à suivre en pareilles circonstances. — Cette prohibition doit-elle s'appliquer aux testaments reçus par un notaire ? Notre ancienne jurisprudence décidait la négative et permettait au testateur de retirer son testament des mains du notaire rédacteur quand bon lui semblait ; mais il n'en saurait être de même aujourd'hui en présence des termes si formels de l'art 22 (1). Que décider cependant si un notaire avait remis sur la demande du testateur la minute du testament aux mains de ce dernier ? Il est bien certain d'abord que le testament ne serait pas nul ; mais le notaire contrevenant pourrait-il être condamné à des dommages-intérêts ? Nous n'hésitons pas à nous prononcer en faveur de la négative ; car qui pourrait actionner le notaire ? Le testateur ? mais c'est sur sa demande, nous l'avons supposé, que la minute de son testament lui a été remise ; les légataires ? sans doute ils peuvent éprouver un préjudice si le testateur détruit la minute qu'il s'est fait remettre, mais les dispositions testamentaires étant essentiellement révocables ce n'est pas en somme le fait du notaire, mais bien la volonté du testateur qui leur cause un dommage. Le notaire ne saurait donc en être responsable (2).

______

(1) *Contra* : Aubry et Rau, *op. cit.*, tome VIII, page 206 ; d'après ces auteurs le testateur peut exiger la remise de son testament contre décharge.

(2) En ce sens : Demante, *Cours analytique de Code Civil*, IV, n° 116 *bis*, V.

La défense faite aux notaires de « délivrer expédition ou de donner connaissance des actes à d'autres qu'aux personnes intéressées en nom direct, héritiers ou ayant droit » est bien ancienne et n'a pas besoin de commentaires ; c'est une conséquence du secret que doit garder le notaire à l'occasion des faits venus à sa connaissance dans l'exercice de ses fonctions. La loi de ventôse (art. 23), a reproduit, et avec grande raison, cette prohibition de notre ancien droit ; l'infraction à notre article est punie non-seulement d'une amende et de la suspension en cas de récidive, mais encore des dommages-intérêts des parties, s'il y a lieu. Néanmoins trois exceptions sont prévues soit par l'art. 23 lui-même, soit par l'art. 24 : 1° les préposés de l'enregistrement peuvent exiger la communication des actes des notaires et prendre, sans frais, les renseignements, extraits et copies qui leur sont nécessaires pour les intérêts de la République (art. 54 de la loi du 22 frimaire an VII), (Trib. de Mâcon, 11 février 1862, D. P. 63, 3, 86 ; Cassation, 5 novembre 1866 D. P. 66, 1, 433) ; 2° certains actes, notamment les contrats de mariage des commerçants doivent être publiés dans les tribunaux ; nous retrouverons bientôt cette prescription de la loi ; 3° en cas de compulsoire ; il y a lieu à compulsoire, lorsque, dans le cours d'une instance, on veut se faire délivrer expédition ou extrait d'un acte dans lequel on n'a pas été partie (art. 846 du Code de Procédure civile) ; les formes du compulsoire sont réglées par les art. 847 à 852 du même Code.

Chaque partie peut se faire délivrer par le notaire détenteur de la minute autant d'expéditions qu'il lui plaît ; mais il ne peut être délivré qu'une seule grosse à chacune des parties intéressées, à peine de destitution (art. 26). La loi exige la mention sur la minute de la délivrance d'une première grosse ; cette mention a pour effet d'avertir le notaire et ses successeurs dans sa charge, d'où la conséquence qu'il n'y aurait pas contravention à notre article, si une seconde grosse était délivrée par un nouveau titulaire de l'étude, en l'absence de toute mention sur la minute. — En cas de perte de la première grosse et pour s'en procurer une seconde, il faut procéder conformément aux art. 844 et 845 du Code de Procédure civile.

Remarquons enfin que certains actes peu importants peuvent être délivrés en original aux parties sans tomber sous le coup de la prohibition de l'article 20 ; ce sont les actes simples ou en brevet.

CHAPITRE IX.

DE CERTAINS ACTES SPÉCIAUX.

Nous avons l'intention de nous occuper dans ce chapitre non pas de tous les actes notariés pour lesquels le législateur a cru devoir tracer des règles particulières, mais uniquement des plus importants d'entre eux. Nous allons donc étudier très rapidement les règles de forme auxquelles sont soumis : 1° les donations entre-vifs ; 2° les dispositions testamentaires ; 3° les contrats de mariage ; 4° les certificats de propriété.

SECTION PREMIÈRE.

Des donations entre-vifs.

(Art. 931 et suiv. du Code Civil).

« Qui le sien donne avant mourir, bientôt s'appreste à moult souffrir (1). » Cette maxime de Loysel semble avoir inspiré les rédacteurs du Code Civil, car les formalités dont la donation est entourée tendent toutes à ce but : avertir le donateur de la gravité de l'acte qu'il va faire. Ainsi l'acte de donation doit être nécessairement rédigé par un notaire assisté d'un second notaire ou de deux témoins ; la présence

_____

(1) Antoine Loysel, *Institutes coutumières*, IV, 4, n° 14.

effective du second notaire ou des deux témoins est exigée à peine de nullité et il doit en être fait mention (loi du 21 juin 1843, art. 2). Mais l'acte ne serait pas nul s'il avait été rédigé par exemple en présence de deux notaires et de deux témoins (Riom, 7 février 1855, D. P. 57, 2, 33); le concours de ces différentes personnes en effet, est une garantie de plus. L'acte de donation doit être dressé en minute; et si la donation a pour objet des effets mobiliers, elle doit être accompagnée d'un état estimatif des objets qu'elle comprend (art. 948). Toutes ces prescriptions sont fort raisonnables ; mais voici qui l'est moins. « La donation entre-vifs n'engagera le donateur, et ne produira aucun effet, nous dit l'art. 932, que du jour qu'elle aura été acceptée en termes exprès. » Pourquoi cette nécessité d'une acceptation solennelle? On n'en voit pas trop la raison. Quoi qu'il en soit, la règle est bien certaine : l'acceptation expresse est indispensable à la validité d'une donation ; aussi le notaire exposerait-il grandement sa responsabilité en négligeant d'exprimer dans l'acte l'acceptation des donataires (Cassation, 27 mars 1839, D. P. 39, 1, 111), car la donation, devant être forcément rédigée dans la forme authentique, ne pourrait valoir même comme acte sous-seing privé; il faudrait la refaire en la forme légale (C. C. art. 1339) ce qui souvent sera impossible. De même serait nulle la donation faite à plusieurs individus et acceptée par deux seulement d'entre eux tant en leur nom qu'au nom des trois autres, et le notaire responsable de cette nullité (Bordeaux, 3 août 1858, D. P. 59, 2, 119). Un notaire a été également déclaré responsable de la nullité d'une donation dans les circonstances suivantes : aux termes de l'art. 1095, l'époux mineur peut, avec le consentement et l'assistance de ceux dont le consentement est requis pour la validité de son mariage, donner à son conjoint dans son contrat de mariage, tout ce dont un époux majeur peut disposer en faveur de son conjoint; d'autre part les art. 903 et 904 décident l'un que le mineur âgé de moins de seize ans ne pourra aucunement disposer, sauf ce qui est dit au chapitre des dispositions entre époux ; l'autre que le mineur parvenu à l'âge de seize ans ne pourra disposer que par testament et jusqu'à concurrence seulement de la moitié des biens dont la loi permet au majeur de disposer. La jurisprudence et la presque unanimité des auteurs décident, et avec raison, que l'époux mineur peut, durant le mariage, disposer en faveur de son conjoint par testament seulement et non par donation entre-vifs; cependant un notaire crut pouvoir recevoir une donation consentie par un époux mineur à son conjoint; cette donation déclarée valable par le tribunal de Périgueux le 4 mai 1865, fut annulée par la Cour de Bordeaux le 18 décembre 1866 (D. P. 67, 2, 124), et le notaire condamné à indemniser les parties du préjudice qu'il leur avait causé.

SECTION II.

Des dispositions testamentaires.
(Art. 971 et suiv. du Code Civil).

Les principes de la responsabilité notariale reçoivent fréquemment leur application en matière de testaments ; de là la nécessité d'entrer dans quelques détails relativement à cette matière.

Une observation préliminaire est indispensable ; le testament public (nous laissons de côté pour le moment le testament mystique) est soumis quant à ses formalités : 1° aux dispositions du Code Civil ; et 2° par rapport aux points non réglementés par le Code, aux dispositions de la loi de ventôse. Ainsi le testament, comme tout autre acte notarié, ne peut contenir de dispositions en faveur du notaire rédacteur (Riom, 23 mai 1855, D. P. 57, 5, 224) ; il doit encore énoncer la demeure des témoins, ne présenter ni surcharges, ni interlignes, être daté, etc. ; toutes ces formalités nous sont déjà suffisamment connues et nous n'y insisterons pas. Mais indépendamment de ces prescriptions, dont l'omission ou l'infraction peuvent du reste sérieusement engager la responsabilité des notaires, il en est d'autres, toutes spéciales aux testaments publics et qu'il nous faut maintenant étudier. Ces formalités peuvent se résumer en cinq propositions :

1° *Le testament public doit être reçu par deux notaires, en présence de deux témoins, ou par un notaire, en présence de quatre témoins.* — Pour être témoin dans un testament il faut être, d'après l'art. 980, mâle, majeur de vingt-et-un ans, républicole, c'est-à-dire français, avoir la jouissance et l'exercice de ses droits civils ; de plus l'article 975 exige que ces personnes ne soient ni légataires, ni leurs parents ou alliés jusqu'au quatrième degré inclusivement, ni clercs des notaires par lesquels le testament est reçu. Ces dispositions modifient profondément plusieurs articles de la loi de ventôse ; peuvent être en effet témoins dans un testament et ne peuvent pas l'être dans un acte notarié ordinaire : les personnes privées de la jouissance ou de l'exercice de leurs droits politiques, celles qui ne sont pas domiciliées dans l'arrondissement communal, les parents, alliés ou serviteurs du notaire (Grenoble, 12 juillet 1878, Rev. Not. 1880, n° 5950), ou du testateur, les serviteurs des légataires ; mais à l'inverse, l'art. 975 étend au quatrième degré l'incapacité que la loi de ventôse restreint au troisième. — Le notaire est-il personnellement obligé de s'assurer de l'idonéité des témoins; est-il responsable de leur manque de capacité ? La raison de douter vient de ce que, en général, les témoins testamentaires sont choisis par le testateur lui-même ; et pourtant la jurisprudence décide l'affirmative, toutes les fois que le notaire a négligé d'interpeller le testateur et les témoins sur la parenté de ces derniers avec l'un des légataires ou sur telle autre condition prescrite par la loi. (Lyon, 3 janvier 1842, D. P. 42, 2, 133;

Riom, 8 juin 1844, D. P. 45, 2, 18; Cassation, 7 juillet 1847, D. P. 47, 1, 268; Nîmes, 7 novembre 1848, D. P. 49, 2, 48; Douai, 2 juillet 1851, D. P. 53, 2, 126 ; Cassation, 5 février 1872, D. P. 72, 1, 225 ; — *Contra :* Toulouse, 23 juillet 1838, D. P. 47, 2, 177). Mais si le notaire n'a pas de faute à s'imputer, s'il a pris toutes les précautions commandées par la prudence, il ne saurait évidemment être responsable (Douai, 9 novembre 1846, D. P. 47, 2, 178; Metz, 23 mars 1852, D. P. 54, 2, 116) ; et il faut repousser la jurisprudence de la Cour de Grenoble, qui exigeait, le 6 août 1846 (D. P. 47, 2, 178), indépendamment de l'interpellation, la présence de deux citoyens connus du notaire pour certifier la capacité des témoins testamentaires ; rien de semblable ne se trouve dans le Code, et il n'y a pas à tenir autrement compte de cet arrêt. Pour plus de sûreté, il sera bon de constater à la fin du testament et l'interpellation du notaire et la réponse du testateur et des témoins. — Le second notaire ou les témoins doivent être présents pendant toute la confection du testament ; l'absence d'un seul témoin, quelque courte que fût sa durée, vicierait radicalement le testament en son entier. (Bordeaux, 8 mai 1860, D. P. 60, 2, 129). Néanmoins il en serait autrement si le témoin s'était simplement retiré un instant dans une pièce contigüe à celle où était rédigé le testament et d'où, la porte étant restée ouverte, il pouvait continuer à surveiller ce qui se passait. (Cassation, 19 mars 1861, D. P. 64, 1, 99 ; Dijon, 29 juin 1864, D. P. 65, 2, 117).

Remarquons enfin que la disposition de l'art. 975 ne s'applique pas au notaire ; en conséquence et conformément à l'art. 8 de la loi de ventôse, un notaire pourrait, sans engager le moins du monde sa responsabilité, recevoir un testament dans lequel son cousin germain par exemple serait institué légataire. (Douai, 23 janvier 1850, D. P. 50, 2, 68 ; Grenoble, 11 février 1850, D. P. 52, 2, 44).

2° Etre dicté par le testateur, et écrit par le notaire, ou par l'un des notaires, tel qu'il est dicté. — Dicter, c'est prononcer plus ou moins lentement et à haute voix ce qu'on fait écrire au fur et à mesure par quelqu'un. Mais la loi n'exige pas comme l'ont prétendu à tort quelques auteurs, que l'entête et la clôture du testament soient dictés par le testateur ; autrement il faudrait décider, chose assurément inadmissible, que le notaire ne répond ni de la forme de son acte, ni des mentions prescrites. L'obligation de la dictée doit donc être restreinte aux dispositions du testateur et aux explications destinées à les motiver. (Cassation, 27 avril 1857, D. P. 57, 1, 365). Tout le monde est d'accord du reste pour reconnaître que le notaire n'est pas tenu, à peine de nullité, de reproduire servilement chacune des paroles du testateur, ses incorrections ou ses obscurités, qu'il lui est même permis d'adresser au disposant des questions propres à rendre plus claire et plus complète la manifestation de la volonté de ce dernier (Cassation, 13 juin 1882, D. P. 82, 1, 312); mais, que décider si le testateur a fait connaître ses dispositions au moyen de réponses faites par simples monosyllabes aux questions soit du notaire, soit de toute autre personne? La Cour de Cassation a eu deux fois à se prononcer sur cette question, et deux fois elle l'a résolue en sens différent : le 15 janvier 1845 (D. P. 45, 1, 92), elle valida un testament rédigé de cette façon; cette jurisprudence adoptée par la Cour de Grenoble le 7 décembre 1849 (D. P. 50, 2, 195) était trop contraire au texte de la loi pour pouvoir longtemps subsister; aussi le 30 août 1858 (D. P. 58, 1, 365), la Cour suprême revint-elle à une interprétation plus exacte de l'art. 972, en décidant qu'un testament devait être réputé n'avoir pas été dicté lorsque le testateur s'était contenté de répondre par oui ou par non à des interrogations. — Un testament ne serait pas non plus dicté et devrait être annulé s'il avait été copié en tout ou en partie sur un projet remis au notaire par le testateur. (*Contra :* Angers, 8 mars 1855, D. P. 55, 2, 129).

3° *Etre lu au testateur en présence des témoins.* — D'où la question suivante : un sourd peut-il faire valablement un testament authentique et un notaire le recevoir sans s'exposer plus tard à des dommages-intérêts? La question en somme revient à celle-ci : le testament doit-il nécessairement être lu au testateur par le notaire? Remarquons d'abord le silence de l'art. 972 sur cette question : « Dans l'un et l'autre

cas, nous dit en effet le troisième alinéa de cet article,
il doit en être donné lecture au testateur en présence
des témoins; » et ce silence est d'autant plus signifi-
catif que l'art. 23 de l'ordonnance d'août 1735 exigeait la lecture du testament par le notaire. Nous
pourrions donc ce semble conclure en faveur de
la négative, et cependant la question est des plus
controversées soit en doctrine, soit en jurisprudence (1). Nous ne voyons, pour notre part, aucune
raison pour priver une personne atteinte de surdité
de la faculté de tester en la forme publique; nous
admettons donc que la lecture du testament peut
être faite par le testateur; seulement, en présence
des incertitudes de la jurisprudence sur ce point, le
notaire, pour mettre complètement à couvert sa responsabilité, fera bien de mentionner la double lecture de l'acte, faite à haute et intelligible voix par
lui et le testateur, en présence des témoins ; une lecture à voix basse ou des yeux seulement, de la part

---

(1) Pour la négative : Aubry et Rau, *op. cit.*, V, p. 514;
— Dalloz, *Répertoire alphabétique*, v° *Dispositions entre-
vifs*, n° 2522; — Demante, *op. cit.*, IV, n° 117 *bis*, II; —
Marcadé et Pont, *Explication théorique et pratique du
Code Civil*, art. 972, n° 3; — Merville, *Le sourd peut-il
tester par acte public* (*Revue pratique de droit français*, XXXII); — Valabrègue, *Etude sur le testament authentique* (id. XXXII); — Bordeaux, 5 juillet 1855 (D. P.
56, 2, 9). En sens contraire : Delvincourt, II, page 81, § 5;
— Demolombe, *Traité des donations entre-vifs et des testaments*, IV, n° 268, etc.;— Montpellier, 1er décembre 1852
(D. P. 53, 2, 7).

du testateur, serait insuffisante, car les témoins seraient dans l'impossibilité de pouvoir affirmer que le disposant a pris connaissance du testament et l'a approuvé. (*Contra :* Cassation, 14 février 1872, D. P. 72, 1, 457).

4° *Etre signé du testateur, des témoins et du notaire.* — Il peut se faire que le testateur ne sache ou ne puisse signer; en pareille circonstance il doit être fait mention expresse, non-seulement comme dans les actes notariés ordinaires, de la déclaration du disposant de ne savoir ou pouvoir signer, mais encore de la cause qui l'empêche de signer. Cette mention ne doit pas nécessairement se trouver à la fin du testament (Cassation, 10 décembre 1861, D. P. 62, 1, 38), et ses termes n'ont rien de sacramentel (Cassation, 23 décembre 1861, D. P. 62, 1, 31); ainsi on admet généralement que la déclaration de ne savoir écrire équivaut à la déclaration de ne savoir signer (Cassation, 1er février 1859, D. P. 59, 1, 85); mais il vaut mieux autant que possible se servir du mot propre et ne pas avoir recours aux équipollents, car on peut ne pas savoir écrire et cependant savoir signer. — Tous les témoins doivent signer le testament; néanmoins, dans les campagnes, il suffit de la signature de la moitié des témoins, sans qu'il soit nécessaire, du reste, de mentionner la cause les empêchant de signer.

5° *Enfin le testament doit mentionner en termes exprès l'accomplissement de toutes ces formalités.*

— La place de ces diverses mentions est indifférente, lorsqu'elles sont conçues en termes généraux pouvant s'appliquer au testament tout entier; mais il en serait autrement si une mention insérée dans le corps du testament était conçue en termes exclusivement applicables aux dispositions la précédant; nul doute qu'en pareille circonstance le testament ne dût être annulé (Cassation, 22 juin 1881, D. P. 82, 1, 180).

L'acte de suscription du testament mystique rentre dans les attributions des notaires; l'art. 976 nous en indique les formalités; mais, comme cette forme de testament est beaucoup moins employée que la forme publique, nous n'y insisterons pas. Au point de vue de la responsabilité, le notaire répond de l'acte de suscription sans aucun doute; est-il tenu de même de veiller aux formalités du testament proprement dit? Une distinction est nécessaire : la jurisprudence rend le notaire responsable des formalités extérieures du testament, par exemple de ce qu'il lui a été remis sans être clos et cacheté (Nîmes, 29 avril 1863, D. P. 65, 2, 14); mais on ne saurait bien certainement le faire garant des formalités intérieures, par exemple de ce que le testateur n'a pas signé ses dispositions.

Toutes les formalités du testament public et du testament mystique sont prescrites à peine de nullité (art. 1001).

Aux termes de l'art. 2 de l'arrêté du 4 pluviôse an XII et de l'art. 5 de l'ordonnance du 2 avril 1817, tout notaire dépositaire d'un testament contenant un legs au profit de certains établissements ecclésiastiques ou d'utilité publique, est tenu d'en donner avis à leurs administrateurs lors de l'ouverture du testament; de plus, un état sommaire de l'ensemble des dispositions de cette nature insérées au testament doit être transmis, sans délai, au préfet du département dans lequel est situé l'établissement intéressé (Décret du 30 juillet 1863). — L'art. 58 du décret du 30 décembre 1809 impose également au notaire, devant lequel a été passé un acte contenant disposition testamentaire au profit d'une fabrique, d'en donner avis au curé ou desservant.

SECTION III.

Des contrats de mariage.

(Art. 1394 et suiv. du Code Civil; 67 et 68 du Code de Commerce; loi du 10 juillet 1850).

Le contrat de mariage est un de ces actes solennels qui doivent nécessairement être passés devant notaires; l'immutabilité des conventions matrimoniales l'exigeait ainsi; de là l'art. 1394 : « Toutes conventions matrimoniales seront rédigées, avant le mariage, par acte devant notaire. » Dans les premiers temps de la promulgation du Code Civil, quelques auteurs avaient soutenu, en s'appuyant sur l'art. 1394 et en les rapprochant de l'art. 931, que le contrat de mariage pouvait être reçu par un seul notaire et en

brevet. Mais cette opinion est aujourd'hui complétement abandonnée; le contrat de mariage devra
donc être reçu à peine de nullité par un notaire
assisté d'un second notaire ou de deux témoins et
être rédigé en minute; la présence effective du
notaire en second ou des témoins n'est pas nécessaire
puisque que l'art. 2 de la loi du 21 juin 1843 ne parle
pas du contrat de mariage. La même solution doit-
elle être admise au cas où le contrat de mariage contiendrait des donations entre-vifs faites par des tiers en
faveur des époux ou par les époux entre eux? On pourrait en douter si les travaux préparatoires de la loi de
1843 ne venaient lever toute difficulté à cette égard ;
non, même dans ce cas, la présence effective du second
notaire ou des deux témoins n'est pas exigée par la
loi; une donation en effet insérée dans un contrat de
mariage n'en change pas la nature (Bordeaux,
27 mai 1853, D. P. 54, 2, 90). — Mais il existait une
lacune dans le Code Civil, lacune importante et depuis
longtemps signalée par l'opinion publique à l'attention du législateur nous voulons parler de la publicité
des contrats de mariage. Les tiers sous l'empire du
Code de 1804 n'avaient en effet à leur disposition
aucun moyen pour vérifier la sincérité de la déclaration des époux dotaux qui, traitant avec eux, se
disaient mariés sans contrat et par conséquent sous
le régime de la communauté légale. Les inconvénients d'un pareil état de choses étaient nombreux,
mais y insister serait sortir de notre sujet; la ques-

tion d'ailleurs n'a plus qu'un intérêt historique depuis la loi du 10 juillet 1850. Désormais le notaire rédacteur du contrat de mariage doit délivrer aux parties, au moment de la signature, un certificat sur papier libre et sans frais, énonçant ses nom et lieu de résidence, les noms, prénoms, qualités et demeures des futurs époux, ainsi que la date du contrat et indiquant en outre qu'il doit être remis à l'officier de l'état civil avant la célébration du mariage ; de plus le notaire doit donner lecture aux parties du dernier alinéa de l'art. 1391 et de l'art. 1394 du Code Civil et faire mention de cette lecture dans le contrat à peine de dix francs d'amende. — L'omission de ces formalités peut-elle engager la responsabilité du notaire? Nous n'hésitons pas à nous prononcer pour l'affirmative ; mais nous devons en même temps faire remarquer qu'en pratique une action en dommages-intérêts basée sur l'infraction aux prescriptions de la loi de 1850 peut difficilement se concevoir à cause du contrôle que l'officier de l'état civil et le Procureur de la République sont appelés à exercer en cette circonstance. Aussi n'existe-t-il, nous le croyons du moins, aucune décision judiciaire à ce sujet.

Les conventions matrimoniales sont immuables mais seulement à partir de la célébration du mariage; avant cette époque elles peuvent être modifiées sous certaines conditions ; là encore il fallait protéger les tiers, aussi l'art. 1397 décide-t-il que ces changements

seront sans effet à leur égard s'il n'ont été rédigés à
la suite de la minute du contrat de mariage ; de plus
le notaire qui délivrerait grosses ou expéditions du
contrat de mariage sans transcrire à la suite ces
changements s'exposerait à se voir condamner non
seulement à des dommages-intérêts, mais encore à
des peines disciplinaires. — On s'est demandé si le
notaire était tenu de renouveler les lecture, mention et certificat prescrits par la loi du 10 juillet 1850
en cas de changements apportés au contrat de
mariage ? A première vue on ne voit pas trop comment la question à même pu se poser ; car enfin
quel a été le but de la loi ? uniquement d'avertir les
époux de la déclaration qu'ils doivent faire dans
l'acte de mariage de l'existence d'un contrat de
mariage ; dès lors qu'importe que des changements
aient eu lieu ou non. La Cour de Paris se prononça
pourtant pour l'affirmative le 1er janvier 1856
(D. P. 56, 2, 57) ; mais cette jurisprudence n'a pas
pas fait fortune et a été repoussée avec raison par la
Cour suprême le 18 mars 1857 (D. P. 57, 1, 210).
Aucune difficulté ne saurait donc s'élever aujour-
d'hui à ce sujet (1).

---

(1) On peut consulter sur cette question en particulier,
et sur la loi du 10 juillet 1850 en général, une étude de
M. Daniel de Folleville, parue dans la *Revue pratique de
droit français*, tome XXXII. — Voy. également sur la
loi de 1850 une circulaire du ministre de la justice aux pro-
cureurs généraux du 13 novembre 1850 (D. P. 50, 3, 79).

Lors de la rédaction du Code de Commerce en 1807, on sentit le besoin de soumettre les contrats de mariage de commerçants à certaines conditions de publicité ; de là les art. 67 et 68. D'après l'art. 67, tout contrat de mariage entre époux dont l'un est commerçant doit être transmis par extrait, dans le mois de sa date, aux greffes et chambres désignés par l'art. 872 du Code de Procédure civile, pour être exposé au tableau ; cet extrait annonce si les époux sont mariés en communauté, s'ils sont séparés de biens, ou s'ils ont contracté sous le régime dotal. La contravention à l'art. 67 est punie d'une amende de vingt francs, et même de destitution et de responsasabilité envers les créanciers, si elle est la suite d'une collusion. — Des difficultés se sont souvent élevées dans la pratique sur la question de savoir à quelles personnes on devait appliquer la qualification de commerçant ; en règle générale, et dans le doute sur le véritable caractère de la profession d'un client, les notaires agiront prudemment en faisant publier son contrat. La jurisprudence d'ailleurs se montre souvent assez facile en cette matière (Trib. de Villefranche, 26 août 1881, Rev. Not. 1882, n° 6430) ; il faut convenir en effet que les dispositions du Code de Commerce ont beaucoup perdu de leur importance depuis la loi de 1850. Le notaire du reste doit s'attacher plutôt à la qualité réelle qu'à la qualité énoncée au contrat : ainsi il ne serait pas nécessaire de publier un contrat de mariage dans lequel le futur époux aurait pris la qualité de négociant si en réalité il était simplement commis (Trib. de Valence, 10 décembre 1862, D. P. 63, 3, 32) ; mais à l'inverse il faudrait publier le contrat dans lequel le futur époux s'est donné la profession d'ouvrier quoique étant commerçant (Trib. d'Avesnes, 3 novembre 1860, D. P 62, 3, 16).

SECTION IV.

DES CERTIFICATS DE PROPRIÉTÉ.

(Art. 6 de la loi du 28 flor. an VII).

Le certificat de propriété est l'acte par lequel un notaire, un juge de paix ou un greffier, attestent le droit de propriété ou de jouissance d'une personne dans certains cas déterminés par la loi. Ces cas sont assez nombreux : mais le plus fréquent étant, sans contredit, celui de la transmission des rentes sur l'État en cas de mutations autres que par transfert, nous nous occuperons exclusivement du certificat de propriété nécessaire pour cette transmission. La loi du 28 floréal an VII est le siège principal de la matière.

Lorsqu'un individu se trouve propriétaire d'une inscription de rente sur l'État, à la suite d'un partage par exemple, et qu'il veut demander l'immatriculation en son nom de ce titre de rente sur le grand livre de la dette publique, il est tenu : 1° de rapporter l'ancien extrait d'inscription ; 2° de présenter un

certificat de propriété. Ce certificat doit être délivré
par le notaire détenteur de la minute, lorsqu'il y a
eu inventaire ou partage par acte public, ou transmission gratuite à titre entre-vifs ou par testament ;
— par le juge de paix du domicile du décédé, sur
l'attestation de deux citoyens, lorsqu'il n'existe aucun desdits actes en la forme authentique ; — par
le greffier dépositaire de la minute, si la mutation
s'est opérée par jugement (art. 6 de la loi du 28 floréal an VII). Malgré les termes bien formels de la
loi, un usage constant parfaitement admis par le
Trésor sinon par la jurisprudence permet aux notaires de délivrer, dans le cas de non existence
d'actes authentiques, des certificats de propriété aux
héritiers d'une personne décédée sur le vu d'un
simple acte de notoriété ; cette pratique s'appuie sur
les art. 1 et 20 de la loi de ventôse. En pareille circonstance, il doit être gardé minute de l'acte de notoriété ; cela résulte implicitement du deuxième alinéa de l'art. 6 précité.

Le certificat de propriété doit contenir les nom,
prénoms et domicile de l'ayant droit, la qualité en
laquelle il possède, c'est-à-dire sa qualité d'héritier,
légataire ou donataire de telle personne, l'indication
de sa portion dans la rente et l'époque de sa jouissance. — Le notaire rédacteur du certificat est responsable de sa régularité et de la vérité des faits
attestés, en ce sens que les faits doivent être rapportés par lui avec la plus grande exactitude et que les

pièces servant de fondement aux droits des parties doivent être régulières quant à la forme ; mais le notaire n'est pas tenu, sous sa responsabilité, de faire figurer dans son certificat d'autres énonciations que celles déterminées par la loi de floréal : ainsi la Cour de Cassation a décidé le 9 août 1853 (D. P. 53, 1, 235) qu'un notaire n'était pas responsable de n'avoir pas mentionné dans un certificat de propriété que les inscriptions de rente, objet du certificat, étaient affectées au paiement d'un legs ; de même aucune responsabilité pour le notaire qui, ayant reçu un contrat de mariage dans lequel une inscription de rente avait été donnée à la future avec prohibition de l'aliéner si ce n'est moyennant remploi en valeurs déterminées, a délivré un certificat de propriété sans mentionner cette obligation du remploi (Paris, 4 août 1873, D. P. 74, 2, 86). Voyez toutefois en sens contraire deux arrêts de la Cour de Bordeaux du 6 mars 1844 (D. P. 45, 4, 462) et du 2 juin 1853 (D. P. 54, 5, 659) ; d'après eux le notaire doit mentionner dans son certificat les dispositions de nature à modifier les droits de l'héritier, par exemple la prohibition imposée par le *de cujus* d'aliéner des biens composant la succession jusqu'à complète extinction des rentes par lui établies en faveur de diverses personnes. C'est d'ailleurs cette dernière jurisprudence qui est en général suivie dans la pratique.

APPENDICE PREMIER.

DE CERTAINES OBLIGATIONS IMPOSÉES AUX NOTAIRES, SOIT PAR LA LOI DE VENTÔSE, SOIT PAR DES LOIS SPÉCIALES, ET DE LA RESPONSABILITÉ CIVILE POUVANT EN RÉSULTER EN CAS D'INEXÉCUTION.

(Art. 18 et 52 de la loi de ventôse; 1597 et 2063 du Code Civil; 176 du Code de Commerce).

Chaque notaire doit avoir dans son étude un tableau sur lequel sont inscrits les noms, prénoms, qualités et demeures des personnes interdites et des individus pourvus d'un conseil judiciaire, à peine des dommages-intérêts des parties (art. 18 de loi de ventôse). Cet article a été légèrement modifié par l'art. 501 du Code Civil et l'art. 897 du Code de Procédure civile; les art. 92 et 175 du tarif du 16 février 1807, règlent la manière dont doit être donnée communication aux notaires des jugements d'interdiction ou de nomination de conseil. — Le notaire est-il à l'abri de tout recours par cela seul que le tableau complet a été exposé? Nous avons déjà, on s'en souvient, rencontré cette question; nous nous bornerons donc à renvoyer à ce que nous avons dit, dans une autre circonstance, à ce sujet.

Aux termes de l'art. 52 de la loi de ventôse, tout notaire suspendu, destitué ou remplacé, doit, aussitôt après la notification qui lui est faite de sa suspension, de sa destitution ou de son remplacement, cesser l'exercice de son état, à peine de tous dommages-intérêts et des autres condamnations prononcées par les lois contre tout fonctionnaire suspendu ou destitué qui continue l'exercice de ses fonctions. Le notaire suspendu ne peut les reprendre, sous les mêmes peines, qu'après la cessation du temps de la suspension.

L'art. 1597 du Code Civil punit des dépens et dommages-intérêts le notaire devenu cessionnaire de procès, droits et actions litigieux de la compétence du tribunal dans le ressort duquel il exerce ses fonctions.

L'art. 2063 du même Code défendait aux notaires de recevoir des actes dans lesquels la contrainte par corps serait stipulée hors les cas déterminés par la loi, à peine de nullité, dépens et dommages-intérêts. — Cette disposition a été abrogée par la loi du 22 juillet 1867 en même temps que la contrainte par corps elle-même.

Enfin, l'art. 176 du Code de Commerce oblige les notaires, à peine de destitution, dépens et dommages-intérêts envers les parties, de laisser copie exacte des protêts, et de les inscrire en entier, jour par jour et par ordre de dates, dans un registre particulier, coté, paraphé et tenu dans les formes prescrites pour les répertoires. — Rien à dire sur tous ces articles qui ne sont pas d'ailleurs d'une bien fréquente application.

APPENDICE II.

DE LA RESPONSABILITÉ DU NOTAIRE SUBSTITUANT.

Un notaire peut être appelé à en substituer un autre : 1° en cas de maladie ou d'absence; 2° en cas de décès. Faut-il, au point de vue de la responsabilité du notaire substituant, distinguer entre ces deux situations? Des auteurs fort estimables pensent que dans le cas de maladie ou d'absence, le notaire substitué reste responsable de l'acte, à moins toutefois que le substituant n'ait à se reprocher une faute personnelle; que dans le second cas, au contraire, le substituant assume toute la responsabilité. Mais telle n'est pas notre opinion; il nous semble difficile d'admettre qu'un notaire malade ou absent puisse être déclaré responsable d'un acte auquel il n'a pris aucune part, dont il ignore peut-être même l'existence; le substituant est en définitive le seul et véritable notaire instrumentaire, le seul aussi passible de responsabilité. — Dans les deux situations le notaire substituant sera donc responsable; mais le substitué ne peut être évidemment déchargé des obligations postérieures à la réception de l'acte : il sera donc responsable de la garde de la minute, de la délivrance des grosses et expéditions, etc.

APPENDICE III.

DE LA RESPONSABILITÉ DES NOTAIRES PAR RAPPORT AUX ACTES DE LEURS CLERCS.

(Art. 1384 du Code Civil).

Il est un principe général posé par l'art. 1384 du Code Civil, à savoir qu'on est responsable non seulement du dommage que l'on cause par son propre fait, mais encore de celui qui est causé par le fait des personnes dont on doit répondre; ainsi, les commettants sont responsables du dommage causé par leurs préposés dans les fonctions auxquelles ils les ont employés. Les clercs sont assurément les préposés des notaires; d'où une certaine responsabilité pour ces derniers en vertu de l'art. 1384. Cette responsabilité est une conséquence de l'obligation de contrôle incombant au titulaire de tout office, sur le travail de ses préposés; par suite, aucun recours en garantie n'est possible de la part du notaire contre le clerc, auteur de l'omission, de la nullité ou de l'erreur. C'est ce qui ressort d'un jugement du tribunal de Joigny du 17 mars 1859 (D. P. 59, 3, 46); dans l'espèce, un bordereau d'inscription hypothécaire, rédigé par un clerc de l'étude, contenait une transposition des noms du créancier et du débiteur, transposition qui amena une inscription sans objet. — Mais il n'y aurait pas lieu à appliquer l'art. 1384 si le clerc, sortant de son rôle, outrepassait son mandat; aux termes d'un jugement du tribunal de Chartres, du 5 mai 1882 (Rev. Not. 1862, n° 6508), le notaire n'est pas responsable des dépôts faits, dans son étude, à l'un de ses clercs, en dehors de sa participation, alors qu'il n'entre pas dans les fonctions de ce dernier de recevoir des capitaux. Cette décision nous paraît parfaitement conforme aux véritables principes de la matière.

APPENDICE IV.

DES OBLIGATIONS MORALES DES NOTAIRES.

Sous cette rubrique nous allons nous occuper successivement : 1° du secret; 2° des conseils donnés aux parties.

SECTION PREMIÈRE.

Du secret.

(Art. 23 de la loi de ventôse et 378 du Code Pénal).

Le secret est de l'essence des fonctions notariales; c'est de lui que dépend souvent le bonheur et la paix des familles, disait M. Cailly au Conseil des Anciens dans la séance du 12 prairial an VII. Mais on se demande s'il faut restreindre cette obligation au secret des actes (art. 23 de la loi de ventôse), ou si, au contraire, il ne faut pas aller jusqu'à faire application aux notaires de l'art. 378 du Code Pénal? La question est loin d'être résolue définitivement. Certains auteurs enseignent la négative : selon eux, la loi de ventôse limite aux seuls actes l'obligation du secret incombant aux notaires; il n'y a donc pas lieu de recourir, à leur égard, aux dispositions du Code Pénal relatives au délit de révélation de secrets (1).

____

(1) En ce sens : Chauveau Adolphe et Faustin-Hélie, *Théorie du Code Pénal*, V, 58.

L'affirmative compte plus de partisans, et nous l'adoptons volontiers : par leur état et leur profession, en effet, comme le faisait remarquer avec beaucoup de raison M. l'avocat général Plougoulm, dans ses conclusions, lors de l'arrêt de la Cour de Cassation du 10 juin 1853, les notaires sont souvent appelés à recevoir et à provoquer même les secrets des familles; c'est donc à bon droit qu'on fait rentrer les notaires parmi les « personnes dépositaires, par état ou par profession, des secrets qu'on leur confie » dont parle l'art. 378; dès lors les notaires ne peuvent, sans s'exposer aux peines portées dans cet article, révéler, même en justice, les secrets dont ils sont dépositaires en raison de leurs fonctions (1). Cette opinion n'est pas tout-à-fait celle de la Cour suprême; elle admet bien que les intérêts des familles peuvent exiger, dans des cas particuliers, que les confidences faites aux notaires ne soient pas divulguées et que les graves inconvénients pouvant résulter de cette divulgation apportent une limite au droit de l'instruction (arrêt du 10 juin 1853, P. D. 53, 1, 205); elle reconnaît même que les notaires sont compris parmi les personnes visées par l'art. 378 (arrêt du 7 avril 1870, D. P. 70, 1, 185); et cependant elle décide en définitive que la révélation doit avoir été

---

(1) En ce sens : Dalloz, *Répertoire alphabétique*, v° *Révélation des secrets*, n° 14;—Ch. Muteau, *Du secret professionnel;* — Trébutien, *Cours élémentaire de droit criminel,* II, p. 243, etc.

faite au notaire sous le sceau du secret pour le dispenser de déposer en justice à ce sujet. Cette conclusion est assez singulière, on en conviendra; du moment où l'on admet le principe, pourquoi ne pas admettre en même temps la conséquence? Aussi, avec M. Muteau, faisons-nous des vœux pour que cette jurisprudence fasse place à une solution nouvelle, solution qui ne subordonnerait plus l'obligation de respecter la confidence à la condition qu'elle fût faite sous le sceau du secret.

Les notaires sont obligés, nous le savons, de garder le secret de leurs actes; néanmoins le jurisprudence décide qu'un notaire ne peut laisser ignorer à ses clients les droits ou charges existant sur un immeuble à aliéner ou à hypothéquer alors que ces droits ou charges résultent d'actes passés en son étude; le plus souvent en effet le notaire aura à se reprocher en pareille circonstance un véritable dol et sa responsabilité sera incontestable (Rennes, 21 mars 1870 D. P. 72, 2, 87; Aix, 28 avril 1870 D. P. 71, 2, 79). Mais gardons-nous de rien exagérer : d'abord il est bien certain que si ces droits ou charges résultent d'actes passés en dehors de son étude, le notaire n'est pas astreint à s'en informer, à moins d'avoir reçu mandat des parties à cet effet; la mauvaise foi du notaire est seule punissable et on ne saurait vraiment exiger qu'un notaire se rappelle tout les actes qu'il a passés ni à plus forte raison qu'il connaisse ceux rédigés par ses prédécesseurs. Restreinte dans ces limites, cette jurisprudence est acceptable et ne saurait être dangereuse.

SECTION II.

Des conseils donnés aux parties.

Nous nous sommes occupé ailleurs du conseil et de ses suites en droit romain ; nous n'y reviendrons pas. Constatons seulement l'existence bien certaine dans la législation romaine de la règle que le conseil donné de bonne foi n'oblige à rien (Frag. 47, *De regulis juris*). Ce principe passa des glossateurs (1) dans notre ancienne jurisprudence (2) et jamais il n'a été contesté. — Les notaires sont appelés journellement à donner des conseils à leurs clients sur telles ou telles opérations qu'ils se proposent d'entreprendre, sur la légalité et les conséquences des conventions auxquelles ils veulent faire donner l'authenticité ; c'est là pour eux une obligation purement morale et qui ne devrait jamais, hormis le cas de mauvaise foi, engendrer une responsabilité (3).

---

(1) « Consultor qui imperite consuluit, non tenetur nisi de « dolo », disait Barthole sur le frag. 10, § 7, *Mandati vel contra.*

(2) Voy. notamment Domat, *Les lois civiles*, II, 15, section 2, n° 13 ; — Pothier, *Traité du mandat*, n°s 15 et suiv.

(3) On peut consulter sur cette question : Arnault, *op. cit.*, pages 259 et suiv. ; — Ed. Clerc, *Traité général du notariat*, n° 1152 et suiv. ; — Dalloz, *Répertoire alphabé-*

C'est principalement à propos de prêts hypothécaires que s'est élevé la question de savoir quel devait être l'effet d'un conseil. Les véritables principes sur cette matière ont été posés dans plusieurs arrêts de Cours d'appel, mais tous un peu anciens (Lyon. 31 mai 1844, D. P. 44, 5, 461; Douai. 29 décembre 1845, D. P. 46, 2, 24; Caen 2 février 1857, D. P. 57, 1, 151); aux termes de ces arrêts et notamment du dernier, les conseils donnés de bonne foi par un officier public dans l'exercice de son ministère ne sauraient engendrer aucune obligation ni donner ouverture à aucune action contre lui; en conséquence un notaire ne peut être déclaré responsable du défaut de solidité d'un placement hypothécaire conseillé par lui de bonne foi. Voici qui est parfaitement exact et tout à fait conforme à la tradition juridique. Néanmoins nous nous empressons d'ajouter qu'il devrait en être autrement si le conseil avait été tellement pressant qu'il eut déterminé le client à faire ce qu'il ne voulait pas faire; car suivant la remarque du président Favre, « si consilio meo persuasus id « feceris, quod alioqui facturus non eras, teneor man« dati; » serait donc responsable le notaire qui aurait

---

tique, vᵒ *Responsabilité*, nᵒ 357 et suiv.; — Demolombe, *op. cit.*, nᵒ 535; — Laurent, *op. cit.*, XX, nᵒ 5; — Pagès, *op. cit.*, page 162; — Troplong, *Du mandat*, nᵒ 18 et suiv.; — Vergé, *op. cit.* nᵒ 115 et suiv.; — Voy. aussi un arrêt de la Cour d'Angers du 29 mars 1880 (Rev. Not. 1882, nᵒ 6550).

incité et engagé son client dans un placement hypothécaire, si plus tard ce placement se trouvait désavantageux (Cassation, 29 décembre 1847, D. P. 48,
1, 55). On aurait dû en rester là et ne pas aller
plus loin; il n'en a pas été malheureusement ainsi :
d'après un arrêt de la Cour de Cassation du 3 août
1858 (D. P. 58, 1, 374), les notaires ne sont pas
nécessairement responsables des conséquences dommageables que peuvent avoir pour leurs clients les
placements d'argent auxquels ils prêtent leur ministère, on le reconnaît; mais en même temps on décide
que, conseils légaux des parties, leur devoir est de
se substituer à ces dernières dans la surveillance de
leurs intérêts, et la Cour applique immédiatement ce
principe à un placement hypothécaire conseillé de
bonne foi par un notaire mais qui en définitive
s'est trouvé désavantageux. Ce mandat d'éclairer les
parties qui convertit en obligation légale un devoir
tout moral ne résulte, remarquons-le bien, ni de la
lettre ni de l'esprit de la loi de ventôse; il est absolument contraire au texte de l'ordonnance du 4 janvier 1843 (art. 12, 6°), c'est donc à ce point de vue
un empiétement bien manifeste du pouvoir judiciaire
sur le pouvoir législatif; enfin ce mandat « ne tend
à rien moins qu'à transformer le notaire en agent
d'affaires, en intendant des parties, à lui donner une
tutelle qui n'est nulle part écrite dans la loi et qui
n'aboutirait en définitive qu'à la suppression de
toute initiative et de toute responsabilité individuelles,

pour y substituer l'initiative et la responsabilité des officiers publics (1). » Aussi tous les auteurs sont-ils unanimes à condamner cette jurisprudence et cela dans l'intérêt des parties tout autant que dans celui des notaires; la protection à outrance, l'histoire du droit nous le prouve, finit en effet toujours par tourner contre ceux-là même qu'on voulait protéger. Les tribunaux devraient en ces circonstances tenir la balance plus égale entre le notaire et son client et se souvenir du sage précepte d'Ulpien : « Medie igitur « hæc a judice erunt dispicienda, ut neque delicatus « debitor, neque onerosus creditor audiatur. » (Frag. 25 *in fine, De pigneratitia actione*, Dig. IX, 2).

Nous avons examiné avec le plus grand soin les décisions de la jurisprudence sur le sujet qui nous occupe ; mais nous devons constater avec regret qu'il nous a été impossible de dégager un principe général des nombreux arrêts souvent contradictoires rendus depuis une vingtaine d'années en cette matière. Comme le fait observer M. Arnault, *op. cit.*, p. 282, « ces questions sont devenues de simples questions de fait et tous les arrêts des arrêts d'espèce. » Il nous semble donc inutile d'insister davantage sur ce point.

______

(1) Albert Amiaud, *Etudes sur le notariat français*, chap. 9. Voy. aussi Jeannest Saint-Hilaire, *Du notariat et des offices*, chap. 7.

DEUXIÈME PARTIE.

DES OBLIGATIONS IMPOSÉES AUX NOTAIRES COMME GÉRANTS D'AFFAIRES, DÉPOSITAIRES OU MANDATAIRES ET DE LA RESPONSABILITÉ CIVILE QU'ILS PEUVENT ENCOURIR EN CES QUALITÉS.

Nous nous sommes occupé exclusivement jusqu'ici des obligations imposées aux notaires comme officiers publics ; mais il peut arriver et en fait il arrive souvent que, ne restant pas strictement dans les limites de leur profession, les notaires consentent à devenir gérants d'affaires, dépositaires ou mandataires de leurs clients ; de là pour eux de nouvelles obligations et par suite une nouvelle responsabilité.

———

CHAPITRE PREMIER.

DE LA RESPONSABILITÉ DES NOTAIRES COMME GÉRANTS D'AFFAIRES.

(Art. 1372 et suiv. du Code Civil).

La gestion d'affaires est le fait volontaire et licite d'une personne qui sans mandat ou en dehors des limites de son mandat, agit, stipule ou promet dans l'intérêt d'autrui. — Le quasi-contrat de gestion d'affaires est déjà fort rare dans la vie ordinaire ; ce n'est donc à plus forte raison que très accidentellement que des notaires se trouveront agir en qualité de gérants d'affaires de leurs clients. Et cependant, si on consulte les divers recueils de jurisprudence, on voit assez souvent un notaire déclaré responsable des suites d'une affaire pour s'être comporté vis-à-vis d'elle comme *negotiorum gestor* (Poitiers, 30 juin 1847, D. P. 47, 2, 190 ; Bordeaux, 20 juin 1853, D. P. 54, 2, 113 ; Paris, 13 janvier 1865, D. P. 65, 2, 142). Comment s'expliquer ce résultat bizarre ? Tout simplement par une confusion fréquente de la jurisprudence entre la gestion d'affaires et le mandat. Il existe entre le mandat et la gestion d'affaires certaines ressemblances, des ressemblances considérables si l'on veut, nous le reconnaissons ; mais de là à les confondre, à prendre indifféremment l'un pour l'autre, il y a loin. Le législateur a cru nécessaire de tracer des règles spéciales pour chacun de ces engagements, règles beaucoup plus rigoureuses à l'égard de la gestion d'affaires qu'à l'égard du mandat; c'est donc que chacun d'eux a une existence distincte, propre et indépendante. Des différences de la plus haute importance quant à la nature et au mode de preuve, quant aux obligations et à la responsabilité, existent d'ailleurs entre le mandat et la gestion d'affaires ; il importe donc beaucoup de ne jamais confondre la *negotiorum gestio* et le mandat proprement dit.

La gestion d'affaires, avons-nous dit, n'est pas une source bien fréquente de responsabilité notariale. En effet c'est à peine si on peut en citer un ou deux

cas : il y a gestion d'affaires par exemple dans le fait
par un notaire d'employer une somme versée entre
ses mains pour l'acquit des charges hypothécaires
grevant un immeuble vendu au paiement des créanciers chirographaires du vendeur ; le notaire en pareil
cas est très justement responsable de son imprudence
(Cassation, 20 juillet 1821, D. A. v° *Contrainte par
corps*, n° 227-1°) ; — de même il y a gestion d'affaires
lorsqu'un notaire, ayant été chargé à la suite d'une
adjudication de payer avec le prix en provenant les
créanciers inscrits sur l'immeuble, a désintéressé ces
derniers sans avoir égard au rang de leurs inscriptions de telle sorte que le premier inscrit n'a pu être
payé (Cassation, 22 juin 1836, D. P. 36, 1, 399).

La responsabilité du gérant d'affaires doit être
assez sérieuse pour que le premier venu ne s'imagine
pas d'aller s'immiscer dans les affaires d'autrui :
aussi l'art. 1374 décide-t-il que le gérant doit apporter à sa gestion tous les soins d'un bon père de famille ; il répond donc non-seulement de son dol et
de sa faute, mais encore de sa négligence, car *culpa
est, immiscere se rei ad se non pertinenti* (Frag. 36,
De regulis juris*).

La preuve de la gestion d'affaires peut avoir lieu
par tous les moyens, alors même qu'il s'agirait d'une
valeur de plus de cent cinquante francs (C. Civ., article 1348-1°) ; on ne saurait en effet exiger une preuve
écrite en pareille circonstance (Cassation, 19 mars
1845, D. P. 45, 1, 187).

CHAPITRE II.

DE LA RESPONSABILITÉ DES NOTAIRES COMME DÉPOSITAIRES.

(Art. 1927 et suiv. du Code Civil).

La confiance des parties en leurs notaires fait souvent de ces derniers les dépositaires de titres ou de valeurs; il n'est pas douteux que, contractant envers elles l'obligation de garder ces titres ou ces valeurs et de les restituer, les notaires ne soient soumis à la responsabilité du droit commun en matière de dépôt. Le Code Civil, suivant en cela la tradition du droit romain (C. 1, *Depositi vel contra,* Cod. IV, 34), oblige le dépositaire à apporter, dans la garde de la chose déposée, les mêmes soins qu'à ses propres affaires (art. 1927); le notaire ne saurait être traité plus sévèrement; car c'est en somme pour obliger ses clients qu'il consent à assumer sur lui cette responsabilité. Mais le notaire dépositaire manquerait à toutes ses obligations et serait responsable envers le déposant si, par exemple et contrairement à la prohibition de l'art. 1937, il remettait la chose déposée à une personne autre que celle désignée pour la recevoir (Grenoble, 19 décembre 1871, D. P. 73, 2, 64).

Nous avons envisagé jusqu'à présent le notaire dépositaire comme particulier; nous devons maintenant nous occuper du dépôt fait à un notaire comme officier public. Ainsi un acte d'emprunt a été passé

chez un notaire et il a été convenu que le remboursement du capital et le service des intérêts auraient
lieu dans son étude. Le notaire est responsable de la
somme versée entre ses mains par suite de l'acte;
cela ne peut faire de doute; mais en quelle mesure
est-il responsable? A notre avis, l'art. 1927 doit être
encore appliqué; mais alors se demandera-t-on peut-
être pourquoi distinguer entre ces deux situations?
A vrai dire la distinction a beaucoup perdu de son
importance depuis l'abolition de la contrainte par
corps; mais, avant la loi de 1867, les notaires étaient
contraignables par corps pour la restitution des
titres à eux confiés et des deniers par eux reçus pour
leurs clients, par suite de leurs fonctions (C. C.
art. 2060, 7°); ils ne l'étaient pas, au contraire, lorsqu'ils avaient reçus le dépôt en qualité de simples
particuliers. Cependant, encore aujourd'hui, on peut
signaler une différence : le déposant, dans le second
cas, a un privilège sur le cautionnement auquel sont
tenus les notaires, en vertu de l'art. 33 de la loi de
ventôse (C. C. art. 2102, 7°); il n'en a pas dans le
premier.

Nous avons déjà eu l'occasion d'examiner les obligations du notaire relativement à ses minutes; nous
renvoyons donc aux explications données plus haut
à ce sujet. — Même responsabilité par rapport au
testament olographe ou mystique déposé en son étude
pour être mis au rang de ses minutes, en vertu de
l'art. 1007 du Code Civil.

Le dépôt doit toujours être constaté par écrit, au-dessus de cent cinquante francs; à défaut d'écrit, on peut recourir soit à l'aveu de la partie, soit au serment; au-dessous de cent cinquante francs, le dépôt peut être prouvé par témoins.

CHAPITRE III.

DE LA RESPONSABILITÉ DES NOTAIRES COMME MANDATAIRES.

(Art. 1991 et suiv. du Code Civil).

Le mandat est l'opération juridique de deux volontés, en vertu de laquelle le mandataire est obligé de fournir gratuitement, du moins en principe, son temps et son habileté pour exécuter l'acte désigné par le mandant. — Les notaires se trouvent souvent investis soit d'un mandat légal, soit d'un mandat judiciaire, soit enfin d'un mandat conventionnel; nous devons donc insister quelque peu sur leurs obligations en qualité de mandataires, et sur la responsabilité qu'ils peuvent encourir à cette occasion.

En qualité de mandataires légaux, les notaires sont tenus, toutes les fois qu'ils procèdent à l'inventaire des biens d'un mineur, de demander au tuteur s'il lui est dû quelque chose par son pupille et de mentionner leur réquisition sur le procès-verbal (C. C. art. 451); de donner avis à l'officier de l'état civil du contrat de mariage des futurs époux, au moyen du certificat prescrit par l'art. 1394 du Code Civil; de faire enregistrer les actes passés devant eux (art. 29 de la loi de frimaire), etc.

Comme mandataires judiciaires, les notaires peuvent être chargés de représenter les présumés absents dans les inventaires, comptes, partages et liquidations dans lesquels ils seraient intéressés (art. 112 et 113 du Code Civil, 942 du Code de Procédure civile; Cassation, 16 février 1853, D. P. 53, 1, 62).

Mais c'est surtout comme mandataires conventionnels que nous devons ici nous occuper des notaires. Presque chaque jour, en effet, ces officiers publics sont chargés par leurs clients de chercher un placement hypothécaire à leurs capitaux, ou bien encore d'accomplir les formalités nécessaires pour conserver leurs droits, transcription d'un acte, inscription d'un privilège ou d'une hypothèque, etc. Quelles sont, en pareille circonstance, les obligations du notaire? Quelle doit être sa responsabilité? C'est ce qu'il nous faut maintenant rechercher.

Le notaire qui a accepté d'un de ses clients le mandat de lui procurer un placement doit s'informer avec le plus grand soin d'un emprunteur honorable et solvable; cet emprunteur trouvé, examiner attentivement ses titres de propriété, s'assurer de l'état hypothécaire de l'immeuble qui doit répondre de la dette, et, à ces effets, requérir du conservateur des hypothèques un relevé des inscriptions et des transcriptions relatives à l'immeuble en question, ou bien, si l'emprunteur est propriétaire en vertu d'un acte non soumis à la transcription, d'un testament, par exemple, s'en faire délivrer une expédition par le notaire dépositaire; en un mot, prendre toutes les précautions commandées par la prudence (Orléans, 8 janvier 1870, D. P. 71, 2, 68). — S'agit-il maintenant de prendre une inscription hypothécaire pour garantir ce placement, le notaire doit veiller à ce que les deux bordereaux contiennent bien toutes les indications prescrites par la loi et soient parfaitement semblables; que l'inscription ait lieu au bureau des hypothèques dans l'arrondissement duquel l'immeuble est situé (Cassation, 25 novembre 1872, D. P. 73, 1, 134), etc.

Mais ces précautions n'ont pas été prises; le notaire n'a pas suffisamment vérifié la position de l'emprunteur, et, en définitive, ce placement, qui paraissait fort avantageux, se trouve des plus mauvais; le prêteur appelle son mandataire en garantie; cette demande doit aboutir, c'est incontestable. Le mandataire, nous dit en effet l'art. 1992 du Code Civil, répond non seulement du dol, mais encore des fautes qu'il commet dans sa gestion; cette responsabilité est assez lourde, certaines circonstances peuvent toutefois la diminuer, par exemple, si le notaire a agi à titre gratuit (C. C. art. 1992, 2ᵉ alinéa), ou même exonérer le notaire de toute responsabilité, au cas notamment où il aurait été trompé par les déclarations erronées faites par le débiteur et acceptées par le créancier, déclarations dont il n'avait aucun motif de suspecter la sincérité (Toulouse, 24 mars 1879, D. P. 79, 2, 244). L'art. 1992 devrait, au contraire, être appliqué dans toute sa rigueur si le mandat avait été salarié (Cassation, 14 janvier 1856, D. P. 56, 1, 456), ou si le notaire connaissait, en faisant le placement, l'insolvabilité de l'emprunteur (Cassation, 9 juillet 1872, D. P. 72, 1, 296). — Mais à quel moment doit être appréciée la valeur des biens garantissant le placement, à l'époque du prêt ou à celle de l'échéance? On comprend très bien qu'il puisse y avoir un écart parfois très considérable entre ces deux prix et, par suite, toute l'importance de la question. A consulter seulement l'équité et le bon sens, la solution ne paraît pas douteuse; il faut s'attacher à la valeur de l'immeuble au moment du prêt (Bordeaux, 9 décembre 1841, D. P. 42, 2, 184). Et cependant la Cour de Paris décidait le contraire le 21 mai 1851 (D. P. 51, 2, 209); dans l'espèce, c'était à la suite de la révolution de février qu'avait eu lieu la vente, et sans que l'immeuble eut subi d'ailleurs aucune dégradation, il avait été adjugé deux cinquièmes au dessous de sa véritable valeur. Une pareille décision n'attribue-t-elle pas aux notaires une infaillibilité qu'ils sont loin de réclamer? Sans doute, lorsqu'un notaire fait un placement hypothécaire, il doit prévoir les frais de toute sorte occasionnés par une saisie et faire ses calculs en conséquence; mais peut-on raisonnablement songer à une perte des deux cinquièmes? La Cour de Cassation vient d'ailleurs de se prononcer tout récemment en faveur de notre opinion; par arrêt du 30 mai 1881 (D. P. 81, 1, 414) elle a décidé que l'insuffisance effective des garanties d'un prêt hypothécaire devait remonter à l'origine même du contrat pour engager la responsabilité du notaire négociateur, et qu'aucune responsabilité n'était encourue si cette insuffisance dépendait uniquement du résultat imprévu d'une adjudication. — Voy. dans le même sens un jugement du tribunal de la Seine du 4 décembre 1877 (Rev. Not. 1878, n° 5560).

Pour pouvoir déclarer un notaire responsable d'un placement hypothécaire, il faut que, se constituant mandataire du prêteur, il soit sorti de sa mission de simple notaire. Souvent en effet, le notaire ne servira pas d'intermédiaire, mais uniquement de rédacteur à la convention des parties; il répond alors des formalités de l'acte, mais il ne saurait être responsable de l'efficacité du placement (Nancy, 22 août 1867, D. P. 68, 2, 117; Cassation, 6 juillet 1870, D. P. 71, 1, 145). Mais comment devra s'y prendre le notaire pour constater sa non participation à la conclusion du prêt? Ordinairement au moyen d'une clause dans laquelle il exposera que le prêt a été négocié directement entre les parties sans sa participation et qu'il s'est borné à donner la forme authentique à leurs volontés. Cette clause peut-elle donner au notaire une certitude absolue de n'être pas responsable des suites du prêt? La jurisprudence n'admet pas que les tribunaux soient toujours liés par cette clause (Cassation, 2 avril 1872, D. P. 72, 1, 362 et 17 juillet 1872, D. P. 73,

1, 187); néanmoins elle ne devra jamais être oubliée.

Une dernière question nous reste à examiner, c'est celle de savoir comment doit être faite la preuve du mandat donné au notaire. — D'après l'art. 1985 du Code Civil, le mandat peut être donné par écrit ou verbalement ; toutefois la preuve du mandat verbal soit à l'aide de témoins, soit au moyen des présomptions graves, précises et concordantes dont parle l'art. 1353 ne peut avoir lieu au-dessus de cent cinquante francs (art. 1341), qu'à l'aide d'un commencement de preuve par écrit (art. 1347). Le mandat peut-il aussi être donné tacitement ? La question est controversée ; néanmoins nous devons reconnaître que la grande majorité des auteurs admet maintenant l'affirmative ; nous l'adopterons donc après eux. La jurisprudence de la Cour de Cassation est du reste en ce sens (arrêt du 24 avril 1882, D. P. 82, 1, 288).

Le notaire peut être constitué mandataire au moyen d'un mandat écrit et d'un mandat verbal ; pas de difficultés ; — *quid*, au moyen d'un mandat tacite ? Un certain nombre d'auteurs, Mourlon et Jeannest Saint-Hilaire entre autres, se prononcent énergiquement en faveur de la négative ; pour eux en effet le notaire est avant tout notaire et il ne saurait devenir le mandataire de ses clients, qu'en vertu d'un mandat écrit ou verbal. Admettons pourtant avec la jurisprudence la possibilité d'un mandat tacite donné à un notaire ; ce mandat tacite devant être prouvé conformément aux règles générales sur la preuve des conventions, il en résulte, ou du moins il semble bien en résulter, qu'au-dessus de cent cinquante francs, la preuve par témoins ou par présomptions ne pourra être admise qu'avec un commencement de preuve par écrit. Et cependant telle n'était pas, jusqu'à ces dernières années du moins, la jurisprudence de la Cour suprême ; car, aux termes d'un certain nombre d'arrêts l'existence du mandat pouvait, à défaut de commencement de preuve par écrit, être établie au moyen des « documents de la cause ». (Cassation, 15 décembre 1874, D. P. 75, 1, 453). Mais la doctrine par l'organe de ses juriconsultes les plus autorisés (1) avait toujours vivement protesté contre cette jurisprudence. « Et si l'existence de la convention, disait M. Paul Pont (*Commentaire traité des petits contrats*, n° 875) ne peut pas être établie au moyen de la preuve testimoniale, elle ne peut pas l'être non plus, et pour cela même, par la preuve indirecte résultant des présomptions. Car c'est une règle de droit, consacrée par la loi positive (C. Civ. art. 1353), que les présomptions de l'homme, ces conséquences que le juge tire de faits reconnus pour arriver à la connaissance de faits contestés, marchent de pair avec la preuve testimoniale, et que si elles sont admissibles dans le

---

(1) Voy. notamment Eloy, *op. cit.*, II, n°ˢ 819 et suiv.; — Domenget, *Du mandat*, I, n° 124 ; — Troplong, *Du mandat*, n° 142, etc.

cas où cette dernière preuve peut être autorisée, elles ne doivent, du moins, être admises que dans les mêmes cas. »

Aussi en 1875, la question s'étant présentée de nouveau devant la Cour suprême, cette dernière, abandonnant définitivement son ancienne jurisprudence, s'est-elle ralliée à la doctrine des auteurs dont nous venons de rapporter l'opinion ; « Attendu, lisons-nous en effet dans un arrêt du 29 décembre 1875 (D. P. 76, 1, 149), que d'après la combinaison des art. 1985 et 1341 du Code Civil, la preuve du mandat civil ne peut être faite par témoins ou à l'aide de présomptions qu'autant qu'il s'agit entre les parties d'une somme n'excédant pas cent cinquante francs ou qu'il existe un commencement de preuve littérale, sauf d'ailleurs l'effet ordinaire de l'aveu judiciaire ou du serment ; — Attendu qu'aucune exception à cette règle n'est admise par la loi en faveur du mandat tacite ; que les faits dont on prétend déduire l'existence d'un mandat tacitement conféré doivent donc être légalement établis devant le juge avant que celui-ci apprécie les conséquences qu'il convient d'en tirer, etc. » Aucune difficulté ne peut donc plus s'élever aujourd'hui sur cette question.

TROISIÈME PARTIE.

DES FORMES ET DE LA DURÉE DE L'ACTION EN RESPON-
SABILITÉ.

L'action en responsabilité dirigée contre un notaire est soumise sans doute aux règles ordinaires
de la procédure; néanmoins nous devons rapidement examiner quelques questions qui ont souvent
donné lieu à des difficultés.

CHAPITRE PREMIER.

PAR QUI ET CONTRE QUI S'EXERCE L'ACTION EN RESPON-
SABILITÉ; DE SA DURÉE.

L'action en dommages-intérêts est ouverte à quiconque a éprouvé un préjudice par la faute du notaire; mais le ministère public poursuivant crimi-
nellement le notaire ne pourrait pas demander des
dommages-intérêts au nom de la partie lésée. Cette
action peut être exercée contre les héritiers du notaire aussi bien que contre le notaire lui-même (C.
Civ., art. 724; C. I. C., art. 2); toutefois les tribunaux
se montrent toujours moins larges dans la fixation
des dommages lorsque l'action est dirigée contre les
héritiers (Nîmes, 29 avril 1863, D. P. 65, 2, 14).

D'après notre ancienne jurisprudence, l'action en responsabilité contre les héritiers d'un notaire était admise dans deux cas seulement : 1° lorsque l'instance avait été commencée du vivant de leur auteur ; 2° s'ils avaient profité de sa faute et jusqu'à concurrence du profit tiré. C'était une application du principe formulé par Ulpien dans le frag. 23, § 8, *Ad legem Aquiliam* (Dig. IX, 2), principe fort équitable et qui aurait dû être maintenu. — Mais aucune responsabilité n'est encourue par le successeur du notaire, à moins pourtant qu'il n'ait contribué de son côté au préjudice causé (Cassation, 3 août 1847, D. P. 47, 1, 300). — Nous nous sommes déjà expliqué relativement à la responsabilité du notaire en second et des témoins instrumentaires ; inutile donc d'y revenir.

Aucune loi particulière n'ayant assigné une durée spéciale à l'action en responsabilité, cette dernière tombe par suite sous le coup de l'art. 2262 du Code Civil et se prescrit seulement par trente ans. Quel est le point de départ de cette prescription ? Est-ce le jour où la faute a été commise ; n'est-ce pas plutôt le jour où le préjudice a été souffert ? La première opinion s'appuie sur les art. 637 et 638 du Code d'Instruction criminelle, mais elle est aujourd'hui complètement abandonnée. Il faut donc admettre la seconde, qui est d'ailleurs parfaitement conforme aux principes juridiques (C. Civ., art. 2257).

CHAPITRE II.

Aux termes de l'art. 53 de la loi de ventôse, l'action en dommages-intérêts dirigée contre un notaire doit être portée devant le tribunal civil de sa résidence et ce quel que soit le tribunal saisi de l'action principale ; c'est donc une dérogation à l'art. 181 du Code de Procédure civile. Cette dérogation d'ailleurs se justifie parfaitement : d'abord nous savons que la responsabilité notariale n'est pas absolue, que les mots « s'il y a lieu » de la loi de ventôse permettent aux tribunaux de diminuer, s'ils le jugent convenable, le chiffre des dommages-intérêts à allouer à la partie lésée ; or, quel tribunal sera mieux à même de connaître les antécédents, la moralité et les habitudes d'un notaire que celui de sa résidence ? De plus ne faut-il pas que ses clients sachent s'ils doivent ou non lui continuer leur confiance ; et comment le sauraient-ils si le notaire pouvait être actionné en responsabilité devant le tribunal saisi de l'action principale, tribunal qui bien souvent sera fort éloigné de celui de sa résidence ? (Cassation, 29 juin 1881, D. P. 82, 1, 61). — L'action en responsabilité est soumise au préliminaire de conciliation si elle est principale et introductive d'instance (C. P. C., art. 48) et susceptible d'appel même au-dessous de quinze cents francs (art. 53 de la loi de ventôse).

Le cautionnement auquel sont assujettis les notaires est spécialement affecté à la garantie des condamnations prononcées contre eux par suite de l'exercice de leurs fonctions (art. 33 de la loi de ventôse); l'art. 2102-7º du Code Civil est venu établir sur ce cautionnement un privilège au profit de ceux ayant obtenus des dommages-intérêts. De plus les notaires sont soumis aux voies ordinaires d'exécution.

DANS LES DIVERSES LÉGISLATIONS EUROPÉENNES

Malgré les avantages incontestables de l'acte authentique, il s'en faut de beaucoup que ce mode de preuve soit également admis par toutes les législations; un rapide exposé des principales lois notariales de l'Europe va nous en convaincre.

CHAPITRE PREMIER.

DU NOTARIAT DANS L'EUROPE MÉRIDIONALE.

Italie. — Jusqu'à ces dernières années, il n'y avait pas moins en Italie d'une dizaine de législations différentes sur le notariat, chaque province ayant conservé après sa réunion au royaume de Piémont son organisation notariale particulière; mais il n'en est plus ainsi depuis la loi du 17 décembre 1875. Cette loi très complète comprend cent cinquante-cinq articles répartis en six titres. Le législateur italien s'occupe d'abord des conditions d'aptitude requises pour pouvoir être notaire; ces conditions sont au nombre de six : être citoyen italien et avoir vingt-quatre ans accomplis; présenter un certificat de moralité; avoir suivi, dans une université du royaume, les cours de droit romain comparé avec le droit national, de Code civil, de procédure civile, de droit commercial, de droit pénal, et en avoir subi les examens; s'être fait inscrire au nombre des stagiaires attachés à une chambre des notaires; avoir fait deux ans de stage sauf les fonctionnaires de l'ordre judiciaire, les avoués et les avocats en exercice pour lesquels on exige seulement six mois; enfin avoir subi avec succès un examen d'aptitude devant une commission spéciale, examen à la suite duquel on est nommé au fur et à mesure des vacances.

Les notaires italiens sont tenus de fournir un cautionnement variant de cinq cents à mille francs de rente; ils prêtent serment devant le tribunal civil et peuvent instrumenter dans toute l'étendue de l'arrondissement judiciaire où se trouve leur résidence.

Tous les actes notariés sans exception sont reçus en Italie par un notaire en la présence réelle de deux témoins; ils peuvent être écrits en langue étrangère si les parties ne connaissent pas la langue italienne, mais il faut alors que cette langue soit comprise du notaire et des témoins ou recourir à l'intermédiaire d'un interprète choisi par les parties. La loi de 1875 traite ensuite de la garde des actes, des copies et de leur force probante, des honoraires et des frais, des chambres de notaires et des archives; enfin elle s'occupe des peines disciplinaires et en dernier lieu consacre quelques articles à certaines dispositions transitoires (1).

Espagne. — C'est une loi du 28 mai 1862 qui régit le notariat espagnol. Pour être nommé notaire il faut en outre des conditions ordinaires de nationalité et de moralité, être bachelier ès-lettres, justifier d'un stage d'une certaine durée dans une étude, avoir suivi dans une université les cours de droit civil, commercial et pénal, connaître une partie du droit administratif et du droit international privé, la procédure civile, l'histoire et l'organisation du notariat espagnol; enfin subir un examen professionnel devant une commission spéciale. — Les notaires espagnols sont institués à vie ; ils ne peuvent être changés de résidence sans leur consentement, suspendus ou destitués sans un jugement. — Tous les actes doivent être rédigés en minute ; on ne connaît pas en Espagne d'actes en brevet.

Portugal. — Il existe des notaires en Portugal chargés de donner l'authenticité aux conventions des parties ; mais nous n'avons pu recueillir aucun renseignement à leur égard.

---

(1) La loi de 1875 vient d'être tout récemment modifiée et complétée sur quelques points de détail par une loi du 6 avril 1879.

CHAPITRE II.

DU NOTARIAT DANS L'EUROPE CENTRALE.

Suisse. — Chaque canton suisse a sur le notariat, la forme et les effets des actes authentiques, une législation spéciale ; quelquefois même un canton a une législation particulière pour le notariat de la ville et une pour le notariat de la campagne ; c'est ce qui existe notamment dans le canton de Bâle. Nous n'entrerons pas dans l'examen détaillé de ces vingt-deux législations ; constatons seulement qu'elles se rapprochent sous beaucoup de rapports de la législation notariale française dans les cantons où se parle le français, de la législation italienne dans les cantons italiens et enfin de la législation allemande dans les cantons du nord et de l'est.

Austro-Hongrie. — La loi du 25 juillet 1871 règlemente le notariat autrichien, celle du 12 décembre 1874 le notariat hongrois ; ces deux lois présentant de nombreux points de ressemblance, nous allons borner nos explications à la loi notariale de la Hongrie, la plus récente et d'ailleurs la plus complète. Cette loi, divisée en dix-neuf chapitres, comprend deux cent-quinze articles.

Les conditions exigées pour pouvoir être notaire sont : posséder complètement la langue hongroise ; avoir subi avec succès l'examen d'avocat ou de juge avoir fait, avant ou après cet examen, un stage de deux ans au moins dans une étude de notaire. La loi de 1874 s'occupe ensuite des professions incompatibles avec celle de notaire ; elle interdit de la manière la plus absolue aux notaires de placer en leur nom les sommes à eux confiées par leurs clients, et de garantir les affaires se traitant par leur intermédiaire. Les notaires hongrois doivent, avant d'entrer en fonctions, verser un cautionnement de deux à sept mille florins, suivant les localités, et prêter serment en séance publique devant le tribunal de première instance de leur ressort ; ils peuvent instrumenter dans toute l'étendue de l'arrondissement judiciaire.

Le ministère des notaires est obligatoire pour les contrats de mariage, pour les affaires faites par des aveugles, par des sourds ne sachant pas lire ou par des muets ou sourds-muets ne sachant pas écrire ; purement facultatif pour toutes les autres conventions. — La nouvelle loi règlemente encore l'organisation des chambres des notaires, la rédaction des divers actes, la responsabilité, la discipline et quelques autres points moins importants.

Allemagne. — Le notariat est loin d'être organisé d'une façon identique dans les différentes parties de l'empire d'Allemagne. Aussi, pour ne pas entrer dans des développements qui nous entraîneraient trop loin, nous contenterons-nous de donner quelques détails sur le notariat bavarois, qui, à bien des égards, est le mieux organisé de l'empire.

Le notariat en Bavière date d'une loi du 11 novembre 1861 ; en voici les dispositions les plus importantes. Le concours de témoins ou d'un second notaire n'est pas nécessaire pour donner l'authenticité à un acte, à moins que l'une des parties ne soit atteinte de cécité, de surdité, de mutisme, ne connaisse pas la langue allemande, ou qu'il ne s'agisse de certains actes spéciaux. Le ministère des notaires est obligatoire pour de nombreux actes, notamment pour tous les contrats intéressant la propriété foncière et les droits réels immobiliers. La responsabilité est rendue effective par un cautionnement de cinq cents à mille florins ; mais c'est l'État qui est responsable des actes illégaux ou des omissions du notaire, lorsqu'il a été commis par un tribunal.

Plusieurs lois, toutes récentes et inspirées manifestement par la loi notariale bavaroise, viennent de règlementer à nouveau le notariat dans le grand-duché de Bade (L. du 3 mars 1879), la Hesse Rhénane (L. du 11 juin 1879), la ville libre de Hambourg (L. du 25 juillet 1879), la principauté de Hohenzollern (L. du 8 mars 1880), la ville libre de Brême (L. du 16 novembre 1880), etc.

CHAPITRE III.

Belgique. — Le notariat belge présente la plus grande analogie avec le notariat français; ce qui s'explique facilement par cette circonstance que la plupart des lois françaises, antérieures à 1814, sont encore en vigueur en Belgique. Néanmoins, nous devons mentionner quelques modifications de détail apportées à notre loi de ventôse : ainsi, le cautionnement imposé aux notaires français a été aboli en Belgique par un arrêté royal du 16 juin 1816; de même, le droit de présentation, depuis un arrêté du régent du 16 mars 1831 ; enfin, les conditions d'aptitude, pour être nommé notaire, ont été complètement changées par une loi du 24 mai 1876 (art. 9).

Luxembourg. — Une ordonnance royale grand-ducale, du 3 octobre 1841, a organisé le notariat dans le grand-duché de Luxembourg sur des bases à peu près identiques à celles du notariat français; depuis une loi du 21 décembre 1878, les témoins aux actes notariés, y compris les testaments, peuvent être étrangers, à la condition d'avoir la jouissance des droits civils.

Hollande. — La loi française de ventôse a été abrogée, en Hollande, par une loi du 9 juillet 1842; l'art. 73 de cette loi, relatif à la responsabilité civile des notaires hollandais, mériterait, à tous égards, de remplacer notre art. 68. Cet article est ainsi conçu : « Les notaires peuvent, sauf dans les cas où leur responsabilité est expressément fixée par la loi, être condamnés, s'il y a lieu, à payer des dommages-intérêts, en cas que les actes, par eux reçus, aient été annulés pour vice de forme ou bien aient été déclarés ne pouvoir valoir que comme actes sous signature privée, indépendamment de toute action de dommage, en cas de dol ou de fraude de leur part. » — Depuis une loi du 26 avril 1876, la législation n'est plus nécessaire pour mettre à exécution un acte notarié hors du ressort du notaire rédacteur. Les conditions d'aptitude ont été réglementées à nouveau par une loi du 6 mai 1878.

Russie. — C'est un règlement du 14 avril 1866 qui a organisé le notariat en Russie; avant cette époque, la juridiction contentieuse et la juridiction volontaire étaient réunies dans les mêmes mains. Les notaires russes sont des fonctionnaires de l'État, nommés par le premier président de la Cour impériale, sur la proposition du président du tribunal d'arrondissement et après examen devant une commission spéciale. Ils sont tenus de fournir un cautionnement variant de deux à quatre mille roubles, et de plus, pour l'augmenter peu à peu, de verser chaque année un tiers des produits de leur charge au dessus d'une somme déterminée ; de ne pas s'absenter de leur résidence sans autorisation ; d'être présents à leur étude au moins six heures par jour, etc.

Il n'y a en Russie d'actes solennels que ceux relatifs aux mutations ou aux restrictions de la propriété immobilière; tous les autres contrats peuvent indifféremment être passés devant notaire ou sous signature privée. Les actes notariés russes doivent être rédigés en présence de deux ou trois témoins; la présence effective de ces derniers est toujours nécessaire au moment de la signature des parties et s'il s'agit d'un testament ou bien encore d'un acte intéressant une personne sourde, aveugle ou muette, les témoins doivent assister à la confection entière de l'acte. Les minutes de ces actes ne sont pas écrites sur des feuilles volantes, mais sur des registres spécialement destinés à cet usage.

La Grèce, la Turquie, les Iles Britanniques, le Danemark, la Norwège, la Suède n'ont pas de notaires ou du moins les notaires dans ces divers Etats ne sont que de simples écrivains publics sans aucun caractère officiel (1).

---

(1) Ouvrages consultés : *Annuaire de législation étrangère*, (années 1871 à 1882); — *Bulletin de la Société de législation comparée*, (années 1869 à 1882); — Fœlix, *Traité de droit international privé*; — *Rapport de la commission chargée, par la Société de législation comparée, d'étudier les diverses législations sur le notariat*; — *Revue de droit international et de législation comparée*, (années 1869 à 1882).

CHAPITRE IV.

DU NOTARIAT DANS LES COLONIES FRANÇAISES.

Le notariat des colonies françaises n'est pas absolument régi par les mêmes principes que celui de la métropole; sur un grand nombre de points sans doute les règles sont identiques: ainsi les conditions de l'authenticité des actes, la responsabilité et le monopole des notaires, leur mode de procéder sont à peu de choses près semblables en France et aux colonies; mais sur certains autres nous trouvons des principes totalement différents et dont nous devons par suite dire quelques mots.

Algérie. — Un arrêté du ministre de la guerre du 30 décembre 1842 portant règlement de l'exercice et de la discipline de la profession de notaire en Algérie rendu en exécution de l'art. 73 de l'ordonnance du 26 septembre 1842, a organisé le notariat algérien; cet arrêté encore en vigueur aujourd'hui a été modifié depuis sa promulgation sur quelques points de détail de peu d'importance du reste. En voici les principales dispositions : les offices de notaires sont incessibles en Algérie, aux termes de l'art. 14 dudit arrêté ; ainsi pas de droit de présentation comme en France ; remarquons une fois pour toutes qu'il en est de même dans nos autres colonies. — Les actes notariés doivent être

écrits en langue française; si l'une des parties ou l'un
des témoins ne parlait pas cette langue, le notaire
devrait se faire assister d'un interprète assermenté
(art. 16 et 17). — L'art. 20 dispose que lorsque
l'état d'une partie qui s'oblige ne sera pas connu du
notaire, ce dernier devra, indépendamment de l'attestation de deux témoins certificateurs, exiger
avant la passation de l'acte la représentation du contrat de mariage de la partie, si elle se déclare mariée, ou son affirmation personnelle et sous serment
qu'elle n'a point fait de conventions matrimoniales;
et si elle déclare n'être point mariée, son affirmation également sous serment que réellement elle ne
l'est pas. Mention de l'accomplissement de ces formalités doit avoir lieu dans l'acte à peine de tous
dommages-intérêts. — En outre du répertoire, les
notaires de l'Algérie doivent tenir deux registres
particuliers, l'un destiné à recevoir les noms, prénoms, etc., des personnes leur ayant remis un testament olographe; l'autre à constater les sommes ou
valeurs par eux reçues en dépôt (art. 26 et 29). —
Les frais d'actes, honoraires et droits des notaires
sont fixés comme en France; mais ce n'est plus le
président, c'est le tribunal de première instance du
ressort en la chambre du conseil, sur simples mé-
moires et sans frais, le ministère public entendu, qui
taxe les honoraires en cas de difficulté (art. 34 et
35). — Les notaires d'Algérie ne forment pas de corporation; ils n'ont pas de chambre de discipline;

toutefois le procureur général doit nommer, au commencement de chaque année, un syndic, parmi les notaires d'Alger (art. 46). — Dans les localités où il n'y a pas de notaires mais où sont établis des commissariats civils, les secrétaires de ces commissariats sont autorisés à recevoir et rédiger, en la forme des actes notariés, les conventions des parties ; ces actes ne valent toutefois que comme écrits sous signature privée (art. 57). Comment concilier ces deux dispositions ? la jurisprudence de la Cour d'Alger décide que les actes ainsi rédigés sont bien de véritables actes authentiques, mais ne pouvant pas emporter par eux-mêmes l'exécution parée; 22 février 1858 (D. P. 59, 2, 143); 19 janvier 1865 (D. A. v° *Organisation de l'Algérie*, n° 866). — Les greffiers de justice de paix peuvent également, dans certains cas et sous certaines conditions, remplir les fonctions de notaire depuis un décret du 18 janvier 1875.

Sénégal, Côte-d'Or, Gabon. — Le notariat n'est pas organisé au Sénégal ; les fonctions de notaire y sont remplies par les greffiers des tribunaux (article 25 du décret du 9 août 1854).— Il en est de même dans les établissements de la Côte-d'Or et du Gabon (décret du 1er juin 1878, art. 1er).

La Réunion. — Un décret du 26 juin 1879 a réglementé à nouveau l'organisation du notariat à la Réunion ; ce décret reproduit, sauf quelques modifications sans grand intérêt, la loi du 25 ventôse an XI et celle du 21 juin 1843.

Établissements français de l'Inde. — Le notariat a été organisé dans les établissements français de l'Inde par une ordonnance du 7 février 1842.

Cochinchine. — Jusqu'en 1869, le greffier institué près la Cour impériale et le tribunal de première instance de Saïgon remplissait les fonctions de notaire en vertu de l'art. 33 du décret du 25 juillet 1864 ; un décret du 22 septembre 1869 est venu organiser le notariat dans le ressort des tribunaux de la Cochinchine. Les notaires sont nommés par le ministre de la marine sur la proposition du gouverneur ; des arrêtés de ce dernier règlent l'organisation du notariat, le nombre des charges, les conditions d'âge et d'aptitude.

Nouvelle-Calédonie, Établissements français de l'Océanie et Iles de la Société. — Le greffier institué près le tribunal supérieur et près le tribunal de première instance de Nouméa remplit dans la Nouvelle-Calédonie les fonctions de notaire (art. 94 du décret du 28 novembre 1866). — Il en est de même dans les autres établissements français de l'Océanie et en particulier dans les îles de la Société (décret du 18 août 1868, art. 11 et 40).

Saint-Pierre et Miquelon. — Le notariat a été organisé dans la colonie de Saint-Pierre et Miquelon par un décret du 30 juillet 1879 conformément à la législation notariale française actuellement en vigueur.

Antilles françaises. — Il existait depuis près de

deux siècles des notaires à la Martinique, la Guadeloupe et leurs dépendances, lorsqu'un décret du 14 juin 1864 vint organiser le notariat dans ces colonies conformément aux dispositions de la loi française. Les parties et les témoins doivent parler français, sinon le notaire doit se faire assister d'un interprète assermenté, chargé d'expliquer l'objet de la convention avant toute écriture, d'expliquer de nouveau l'acte rédigé et tenu de signer comme témoin additionnel (décret du 16 juillet 1878). Cette mesure, par décret à la même date, a été rendue obligatoire pour toutes nos autres colonies. Un décret du 7 juin 1880 a fixé le mode de remplacement des notaires de l'île de Marie-Galante empêchés de recevoir des actes de leur ministère.

Guyane française. — La loi de ventôse a été publiée dans la Guyane, sauf quelques modifications nécessitées par les besoins locaux, par ordonnance coloniale du 24 février 1820. Mais depuis cette époque, un décret du 28 août 1868 est venu attribuer aux commissaires commandants dans les quartiers de la colonie, autre que celui de Sinnamari, une compétence à peu près égale à celle des notaires ; le ministère de ces fonctionnaires est gratuit (art. 34, 1er al.), aussi ne peuvent-ils être poursuivis en réparation civile pour dommage résultant des actes par eux reçus (art. 30, 2e al.).

POSITIONS

DROIT ROMAIN.

I. — Dans le dernier état du droit, le possesseur de bonne foi faisait les fruits siens par la consommation seulement.

II. — L'usufruitier qui fait *cessio in jure* de son droit à un tiers *nihil agit* ; l'usufruit ne fait donc pas retour au nu-propriétaire.

III. — La règle *Nemo partim testatus, partim intestatus decedere potest*, ne s'appliquait pas aux militaires.

IV. — La dette d'un fou ou d'un prodigue ne pouvait pas être garantie par un fidéjusseur.

V. — Il ne faut pas chercher à concilier les frag. 24 princip., *De pigneratitia actione* et 46 princ., *De solutionibus et liberationibus ;* l'antinomie existant entre ces deux fragments est une dernière trace de l'opposition qui régnait entre les deux écoles des Sabiniens et des Proculéiens.

HISTOIRE DU DROIT. — DROIT COUTUMIER.

I. — Les Etablissements de Saint-Louis ne sont pas une œuvre législative, mais un simple coutumier sans aucun caractère officiel.

II. — Il ne faut pas conclure de la maxime de Loysel (*Institutes coutumières*, V, 2, n° 6) : « Exception d'argent non nombré n'a point de lieu » que dans notre ancien droit la preuve de la cause était à la charge du débiteur.

CODE CIVIL.

I. — Un mariage putatif a pour effet de légitimer les enfants naturels que les époux ont eus d'un commerce antérieur et qu'ils ont reconnus.

II. — Les servitudes continues et apparentes peuvent être acquises par une possession de dix ou vingt ans, avec juste titre et bonne foi.

III. — Les actes faits par un héritier apparent avec des tiers de bonne foi doivent être maintenus ; le véritable héritier doit les respecter à l'exception toutefois des actes de disposition à titre gratuit.

IV. — La femme séparée de biens a le droit de

disposer de son mobilier et de l'aliéner; peu importe que ces actes d'aliénation aient ou non le caractère d'actes d'administration.

V. — Les privilèges généraux de l'art. 2101 passent avant les privilèges spéciaux sur les meubles de l'art. 2102.

PROCÉDURE CIVILE.

I. — L'indisponibilité dont est frappée une créance saisie-arrêtée est totale et non partielle.

II. — Une surenchère du sixième n'est pas possible après revente sur folle-enchère.

DROIT COMMERCIAL.

I. — La profession publique suffit pour rendre commerçant quand bien même le fait de l'habitude ne s'y joindrait pas.

II. — Aux termes de l'art. 64 du Code de Commerce, toutes actions contre les associés non liquidateurs se prescrivent par cinq ans depuis la fin ou la dissolution de la société, s'il y a eu publicité; il en est de même à l'égard des associés liquidateurs, s'ils sont poursuivis comme associés ; mais s'ils sont poursuivis comme liquidateurs, ils ne peuvent invoquer que la prescription de trente ans.

DROIT CRIMINEL.

I. — Une personne acquittée légalement par le jury ne peut plus être reprise à raison du même fait qualifié d'une autre manière.

II. — Pour déterminer la durée de la prescription de l'action publique il faut prendre en considération non seulement la qualification du fait délictueux mais encore la peine dont ce fait est passible dans chaque cas particulier.

DROIT ADMINISTRATIF.

I. — Les églises paroissiales font partie du domaine public de la commune.

II. — Les cours d'eau non navigables ni flottables appartiennent aux riverains.

DROIT INTERNATIONAL PRIVÉ.

I. — Quoiqu'un acte authentique soit nécessaire en France pour certains contrats, les donations par exemple, une donation consentie en pays étranger dans la forme sous seing privé n'en sera pas moins valable en France, si la loi du pays où elle a été faite admet cette forme.

II. — Les jugements rendus en pays étrangers ne peuvent être mis à exécution en France qu'après avoir été déclarés exécutoires par un tribunal français ; mais ce dernier ne peut jamais réformer la sentence étrangère, quelle que soit la nationalité des parties en cause.

Vu par le Président de la thèse :
A. DELOUME.

Pour le Doyen de la Faculté, empêché,
Le professeur le remplaçant :
V. MOLINIER.

VU ET PERMIS D'IMPRIMER :
Toulouse, 6 Décembre 1882.
Le Recteur :
CL. PERROUD.

TABLE DES MATIÈRES.

Etude sur les tabellions et la force probante de leurs actes en droit romain

Du notariat dans l'ancienne législation française.

De la responsabilité civile des notaires en droit français.

PREMIÈRE PARTIE.

DES OBLIGATIONS IMPOSÉES AUX NOTAIRES COMME OFFICIERS PUBLICS ET DE LA RESPONSABILITÉ CIVILE QU'ILS PEUVENT ENCOURIR EN CETTE QUALITÉ.

DEUXIÈME PARTIE.

DES OBLIGATIONS IMPOSÉES AUX NOTAIRES COMME GÉRANTS D'AFFAIRES, DÉPOSITAIRES OU MANDATAIRES, ET DE LA RESPONSABILITÉ CIVILE QU'ILS PEUVENT ENCOURIR EN CES QUALITÉS.

TROISIÈME PARTIE.

DES FORMES ET DE LA DURÉE DE L'ACTION EN RESPONSABILITÉ.

Du notariat
dans les diverses législations européennes.

Paris, impr. F. Pichon. — A. Cotillon & Cᵗᵉ, 30, rue de l'Arbalète,
& 24, rue Soufflot.